Italijos Aromatai

Autentiškos Virtuvės Receptai

Marco Danè

TURINYS

Krevečių ir ryžių salotos 9

Krevečių, apelsinų ir ančiuvių salotos 11

Sardinių ir rukolos salotos 13

Ant grotelių keptų šukučių salotos 16

Venecijos krabų salotos 18

Kalmarų salotos su rukola ir pomidorais 20

Omarų salotos 23

Toskanos tuno ir pupelių salotos 26

Kuskuso tuno salotos 28

Tuno salotos su pupelėmis ir rukola 30

Penktadienio vakaro tuno salotos 33

Gorgonzolos ir lazdyno riešutų padažas 36

Citrinų grietinėlės padažas 37

Apelsinų-medaus padažas 38

Mėsos sultinys 39

Vištienos sultinys 41

Antuanetės pupelių sriuba 43

Makaronai ir pupelės 46

Kreminė pupelių sriuba 48

Friulio miežių ir pupelių sriuba 50

Pupelių ir grybų sriuba 52

Milano stiliaus makaronai ir pupelės 54

Lęšių ir pankolių sriuba 58

Špinatų, lęšių ir ryžių sriuba 60

Lęšių ir žalumynų sriuba 62

Lęšių tyrės sriuba su skrebučiais 64

Avinžirnių sriuba iš Apulijos 66

Avinžirnių ir makaronų sriuba 68

Ligūrijos avinžirnių ir kiaulienos sriuba 70

Toskanos duona ir daržovių sriuba 73

Žieminių moliūgų sriuba 77

„Virinto vandens" sriuba 79

Cukinijų pesto sriuba 81

Porų, pomidorų ir duonos sriuba 84

Cukinijų ir pomidorų sriuba 86

Cukinijų ir bulvių sriuba 88

Kreminė pankolių sriuba 90

Grybų ir bulvių sriuba 92

Kreminė žiedinių kopūstų sriuba 94

Sicilietiška pomidorų miežių sriuba 96

Raudonųjų pipirų sriuba 98

Fontina, duona ir kopūstų sriuba 100

Kreminė grybų sriuba 102

Daržovių sriuba su pesto 104

Kiaušinių sriuba iš Pavijos 106

Romos kiaušinių lašų sriuba 109

Kiaušinių blyneliai sultinyje 110

Manų kruopos sultinyje 111

Vafliniai sausainiai 115

Saldūs Ravioli 118

„Bjaurūs, bet geri" sausainiai 121

Dvigubas šokoladinis riešutų biskvitas 123

Šokoladiniai bučiniai 126

Šokoladas be kepimo "Salame" 129

Prato sausainiai 131

Umbrijos vaisių ir riešutų biscotti 134

Sviesto žiedai 137

Citrininiai mazgai 140

Prieskonių sausainiai 143

Vafliniai sausainiai 145

Saldūs Ravioli 148

„Bjaurūs, bet geri" sausainiai 151

Uogienės vietos 153

Dvigubas šokoladinis riešutų biskvitas 155

Šokoladiniai bučiniai 158

Šokoladas be kepimo "Salame" 161

Prato sausainiai 163

Umbrijos vaisių ir riešutų biscotti 166

Citrinų riešutų biskvitas 169

Riešutas Biscotti 171

Migdolų makaronai 173

Pušies riešutų makaronai 176

Lazdyno riešutų batonėliai 178

Graikinių riešutų sviesto sausainiai 180

Vaivorykštės slapukai 182

Kalėdiniai figų sausainiai 186

Trapios tonzilės 190

Sicilijos riešutų suktinukai 192

Biskvitinis tortas 195

Citrusinis biskvitas 197

Citrinų alyvuogių aliejaus pyragas 200

Marmurinis pyragas 202

Romo pyragas 205

Močiutės tortas 208

Abrikosų migdolų pyragas 212

Vasaros vaisių pyragas 215

Rudens vaisių pyragas 217

Polenta ir kriaušių pyragas 219

ŽUVIES SALOTOS

Krevečių ir ryžių salotos

Insalata di Riso con Gamberi

Padaro 4 porcijas

Fiumicino, esantis už Romos ribų, geriausiai žinomas kaip vienas didžiausių Italijos oro uostų, pavadintas menininko Leonardo Da Vinci vardu. Tačiau Fiumicino taip pat yra jūrų uostas, kur romėnai mėgsta eiti vasarą mėgautis vėsiu vėjeliu ir valgyti viename iš puikių jūros gėrybių restoranų palei pakrantę. Bastianelli al Molo sėdėjome terasoje po dideliu baltu skėčiu ir žiūrėjome į jūrą. Valgiau kelių patiekalų patiekalą, į kurį įeina šios paprastos krevečių ir ryžių salotos.

Virti ilgagrūdžiai ryžiai šaldytuve sukietėja, todėl šias salotas gaminkite prieš pat patiekdami.

2 puodeliai ilgagrūdžių ryžių

1/3 puodelio ypač tyro alyvuogių aliejaus

3 šaukštai šviežių citrinų sulčių

1 svaras vidutinių krevečių, išlukštentų ir nuluptų

1 ryšelis rukolos

2 vidutiniai pomidorai, supjaustyti griežinėliais

1. Dideliame puode užvirinkite 4 puodelius vandens. Įpilkite ryžių ir 1 arbatinį šaukštelį druskos. Gerai ismaisyti. Sumažinkite ugnį iki minimumo, uždenkite keptuvę ir virkite, kol ryžiai suminkštės, 16–18 minučių. Supilkite ryžius į didelį serviravimo dubenį.

2. Nedideliame dubenyje sumaišykite aliejų, citrinos sultis, druską ir pipirus pagal skonį. Pusę padažo įmaišykite į ryžius ir leiskite atvėsti.

3. Nupjaukite kietus rukolos stiebus ir išmeskite geltonus ar sumuštus lapus. Rukolą kelis kartus nuplaukite vėsiame vandenyje. Labai gerai džiūsta. Rukolą suplėšykite kąsnio dydžio gabalėliais.

4. Vidutiniame puode užvirinkite 2 litrus vandens. Įpilkite krevečių ir druskos pagal skonį. Užvirinkite ir virkite, kol krevetės bus rausvos ir ką tik iškeps, maždaug 2 minutes. Nusausinkite ir atvėsinkite po tekančiu vandeniu.

5. Krevetes supjaustykite kąsnio dydžio gabalėliais. Į ryžius įmaišykite krevetes ir rukolą. Supilkite likusį padažą ir gerai išmaišykite. Paragaukite ir sureguliuokite prieskonius. Papuoškite pomidorais. Patiekite iš karto.

Krevečių, apelsinų ir ančiuvių salotos

Insalata di Gamberi, Arancia, e Acciughe

Padaro 4 porcijas

Vienas iš mano mėgstamiausių Venecijos restoranų yra „La Corte Sconta", „paslėptas kiemas". Nepaisant pavadinimo, tai nėra labai sunku rasti, nes tai labai populiari užkandinė su visų jūros gėrybių meniu. Šias salotas, skanias su Dižono garstyčiomis, įkvėpė viena, kurią ten valgiau.

1 mažas raudonasis svogūnas, smulkiai pjaustytas

2 arbatiniai šaukšteliai Dižono garstyčių

1 skiltelė česnako, lengvai sutraiškyta

4 arbatinius šaukštelius šviežių citrinų sulčių

¼ puodelio ypač tyro alyvuogių aliejaus

1 arbatinis šaukštelis susmulkinto šviežio rozmarino

Druska ir šviežiai malti juodieji pipirai

24 didelės krevetės, nuluptos ir nuluptos

4 bambos apelsinai, nulupti, išimti baltą šerdį ir supjaustyti griežinėliais

1 (2 uncijos) skardinė ančiuvių filė, nusausinta

1. Sudėkite svogūnus į vidutinį dubenį su labai šaltu vandeniu, kad apsemtų. Leiskite pastovėti 10 minučių. Nusausinkite svogūną ir vėl užpilkite labai šaltu vandeniu ir palikite pastovėti dar 10 minučių. (Taip svogūno skonis bus ne toks aštrus.) Svogūną nusausinkite.

2. Dideliame dubenyje sumaišykite garstyčias, česnaką, citrinos sultis, aliejų ir rozmariną su druska ir šviežiai maltais juodaisiais pipirais pagal skonį.

3. Vidutinį puodą vandens užvirinkite ant vidutinės ugnies. Įpilkite krevečių ir druskos pagal skonį. Kepkite, kol krevetės bus rausvos ir ką tik iškeps, maždaug 2 minutes, priklausomai nuo jų dydžio. Nusausinkite ir atvėsinkite po tekančiu vandeniu.

4. Į dubenį su padažu sudėkite krevetes ir gerai išmaišykite. Rėžius išdėliokite serviravimo lėkštėse. Ant viršaus uždėkite apelsino griežinėliais. Ant apelsinų užpilkite krevetes ir padažą. Ant viršaus išbarstykite svogūnų griežinėlius. Patiekite iš karto.

Sardinių ir rukolos salotos

Insalata con le Sarde

Padaro 2 porcijas

Šios salotos yra pagamintos iš Romoje turėtų salotų, kurios buvo patiekiamos ant storos skrudintos duonos riekelės ir patiekiamos kaip bruschetta. Nors man patiko derinys, buvo sunku valgyti. Aš mieliau patiekiu duoną kaip garnyrą. Konservuotos sardinės, supakuotos į alyvuogių aliejų, turi skanų dūminį skonį, kuris suteikia daug naudos šioms paprastoms salotoms.

1 didelė rukolos kekė

2 šaukštai alyvuogių aliejaus

1 valgomasis šaukštas šviežių citrinų sulčių

Druska ir šviežiai malti juodieji pipirai

½ stiklinės džiovintų juodųjų alyvuogių, be kauliukų ir supjaustytų į 2 arba 3 dalis

1 (3 uncijos) skardinės sardinės alyvuogių aliejuje

2 žalieji svogūnai, plonais griežinėliais

4 riekelės itališkos duonos, skrudintos

1. Nupjaukite kietus rukolos stiebus ir išmeskite geltonus ar sumuštus lapus. Rukolą kelis kartus nuplaukite vėsiame vandenyje. Labai gerai džiūsta. Rukolą suplėšykite kąsnio dydžio gabalėliais.

2. Dideliame dubenyje sumaišykite aliejų, citrinos sultis, druską ir pipirus pagal skonį. Sudėkite rukolą, alyvuoges, sardines ir žaliuosius svogūnus ir gerai išmaišykite. Paragaukite ir sureguliuokite prieskonius.

3. Patiekite iš karto su skrudinta duona.

Ant grotelių keptų šukučių salotos

Insalata di Capesante alla Griglia

Padaro nuo 3 iki 4 porcijų.

Didelės, putlios jūros šukutės skaniai kepamos ant grotelių ir patiekiamos ant minkštų salotų žalumynų ir pomidorų. Šukutės gali būti kepamos ant lauko kepsninės, tačiau šias salotas gaminu ištisus metus, todėl šukutes dažniausiai gaminu ant grilio keptuvės. Šias salotas įkvėpė salotos, kurias dažnai mėgaujuosi I Trulli ir Enoteca Niujorke.

Alyvuogių aliejus

1 svaras jūros šukutės, nuplaunamos

2 šaukštai šviežių citrinų sulčių

Druska ir šviežiai malti juodieji pipirai

2 šaukštai susmulkinto šviežio baziliko

1 valgomasis šaukštas kapotų šviežių mėtų

2 dideli prinokę pomidorai, supjaustyti kąsnio dydžio gabalėliais

6 puodeliai švelnių salotų žalumynų, suplėšytų kąsnio dydžio gabalėliais

1. Kaitinkite grilio keptuvę ant vidutinės ir stiprios ugnies, kol ant paviršiaus nuvarvės vandens lašas. Keptuvę lengvai patepkite aliejumi.

2. Išdžiovinkite šukutes ir padėkite ant grotelių keptuvės. Kepkite, kol šukutės lengvai paruduos, apie 2 minutes. Apverskite šukutes ir kepkite, kol paruduos ir šiek tiek permatomos centre, dar 1–2 minutes.

3. Dideliame dubenyje išplakite citrinos sultis su 3 šaukštais aliejaus. Sudėkite šukutes ir gerai išmaišykite. Leiskite pastovėti 5 minutes, vieną ar du kartus pamaišydami.

4. Į šukutes suberkite žoleles ir pomidorus ir švelniai išmaišykite.

5. Išdėliokite salotas serviravimo lėkštėse. Viršų apibarstykite šukučių mišiniu ir nedelsdami patiekite.

Venecijos krabų salotos

Insalata di Granseola

Padaro 6 porcijas

Venecijoje yra daug vyno barų, vadinamų bacari, kur žmonės susirenka susitikti su draugais ir pasimėgauti taure vyno bei nedidelėmis lėkštėmis. Šios subtilios salotos, pagamintos iš didelių krabų, vadinamų granseole, dažnai patiekiamos kaip garnyras prie crostini. Formalesniuose restoranuose jis bus patiekiamas elegantiškai radicchio puodeliuose. Tai gera vasaros valgio pradžia.

2 šaukštai kapotų šviežių plokščių petražolių

¼ puodelio ypač tyro alyvuogių aliejaus

2 šaukštai šviežių citrinų sulčių

Druska ir šviežiai malti juodieji pipirai pagal skonį

1 svaras šviežios krabų mėsos, nuskintos

Radicchio lapai

1. Vidutiniame dubenyje sumaišykite petražoles, aliejų, citrinos sultis ir druską bei pipirus pagal skonį. Sudėkite krabų mėsą ir gerai išmaišykite. Paragaukite prieskonių.

2. Radicchio lapelius išdėliokite serviravimo lėkštėse. Salotas paskleiskite ant lapų. Patiekite iš karto.

Kalmarų salotos su rukola ir pomidorais

Insalata di Calamari

Padaro 6 porcijas

Dėl kryžminių įpjovimų kalmarų (kalmarų) paviršiuje gaminant gabalėliai stipriai susisuka. Dėl to kalmarai ne tik tampa minkšti, bet ir labai patrauklūs.

Norėdami gauti geriausią skonį, skirkite pakankamai laiko marinuoti. Kalmarus galite virti iki trijų valandų į priekį.

1 1/2 svarų valytų kalmarų (kalmarų)

2 skiltelės česnako, susmulkintos

2 šaukštai kapotų šviežių plokščių petražolių

5 šaukštai alyvuogių aliejaus

2 šaukštai šviežių citrinų sulčių

Druska ir šviežiai malti juodieji pipirai

1 didelė rukolos kekė

1 valgomasis šaukštas balzamiko acto

1 puodelis vyšninių arba vynuoginių pomidorų, perpjautų per pusę

1. Supjaustykite kalmarus išilgai ir atidarykite juos plokščiai. Aštriu peiliu įbrėžkite žarnas taip, kad įstrižainės linijos būtų maždaug 1/4 colio atstumu. Pasukite peilį ir padarykite įstrižas linijas priešinga kryptimi, sukurdami kryžių. Kiekvieną kalmarą supjaustykite 2 colių kvadratais. Kiekvienos čiuptuvų grupės pagrindą perpjaukite per pusę. Nuplaukite ir nusausinkite gabaliukus ir sudėkite į dubenį.

2. Įpilkite česnako, petražolių, 2 šaukštus alyvuogių aliejaus, citrinos sulčių, pagal skonį druskos, pipirų ir gerai išmaišykite. Uždenkite ir marinuokite iki 3 valandų prieš gamindami.

3. Kalmarus ir marinatą perkelkite į didelę keptuvę. Kepkite ant vidutinės ir stiprios ugnies, dažnai maišydami, kol kalmarai taps nepermatomi, maždaug 5 minutes.

4. Nupjaukite kietus rukolos stiebus ir išmeskite geltonus ar sumuštus lapus. Rukolą kelis kartus nuplaukite vėsiame vandenyje. Labai gerai džiūsta. Rukolą suplėšykite kąsnio dydžio gabalėliais. Išdėliokite rukolą ant lėkštės.

5. Nedideliame dubenyje išplakite likusius 3 šaukštus aliejaus ir acto, kartu su druska ir pipirais pagal skonį. Supilkite ant rukolos ir gerai išmaišykite. Ant rukolos šaukštu uždėkite kalmarų. Ant viršaus išbarstykite pomidorus ir nedelsdami patiekite.

Omarų salotos

Insalata di Aragosta

Padaro nuo 4 iki 6 porcijų

Sardinija garsėja vėžiagyviais, ypač omarais, žinomais kaip astice, ir saldžiosiomis krevetėmis. Su vyru valgėme šias gaivias skanias salotas nedidelėje pajūrio tratorijoje Algero mieste, žiūrėdami, kaip žvejai taiso tinklus kitos dienos darbui. Vienas sėdėjo ant suolo basomis kojomis. Pirštais jis sugriebė vieną tinklo galą ir laikė įtemptas, kad abiem rankomis būtų galima laisvai siūti.

Šios salotos gali būti visas patiekalas arba pirmasis patiekalas. Butelis atšaldytos Sardinijos vernakijos būtų puikus priedas.

Kai kuriuose žuvų turgeliuose omarai bus paruošti už jus ir sutaupysite žingsnį.

4 omarai (apie 1 1/4 svarų kiekvienas)

1 vidutinis raudonasis svogūnas, perpjautas per pusę ir plonais griežinėliais

6 baziliko lapeliai

4 minkšti salierų šonkauliukai, plonais griežinėliais

Apie 1/2 puodelio ypač tyro alyvuogių aliejaus

2-3 šaukštai šviežių citrinų sulčių

Druska ir šviežiai malti juodieji pipirai

Salotų lapai

8 plonos traškios itališkos duonos riekelės

1 skiltelė česnako

3 dideli prinokę pomidorai, supjaustyti griežinėliais

1. Į puodo dugną įdėkite stelažą arba garintuvo krepšį, pakankamai didelį, kad tilptų visi keturi omarai. (Turėtų veikti 8 arba 10 litrų puodas.) Įpilkite vandens tiesiai po stovu. Vandenį pašildykite iki virimo temperatūros. Sudėkite omarus ir uždenkite puodą. Kai vanduo vėl užvirs ir iš puodo išeis garai, virkite omarus 10 minučių arba ilgiau, priklausomai nuo jų dydžio. Omarus perkelkite į lėkštę ir leiskite atvėsti.

2. Sudėkite svogūną į nedidelį dubenį ir užpilkite lediniu vandeniu. Leiskite pastovėti 15 minučių. Pakeiskite vandenį ir palikite pastovėti dar 15 minučių. Nusausinkite ir išdžiovinkite.

3. Tuo tarpu išimkite omarų mėsą iš lukštų. Nulaužkite omarų uodegas. Paukštienos žirklėmis nuimkite ploną uodegos mėsą

dengiantį apvalkalą. Bukąja peilio puse pataikyti į nagus, kad jie įtrūktų. Nulaužkite nagus. Išimkite mėsą pirštais. Mėsą supjaustykite plonais griežinėliais ir sudėkite į didelį dubenį.

4. Sulenkite baziliko lapelius ir supjaustykite juos skersai plonomis juostelėmis. Į dubenį su omaru pridėkite baziliką, salierą ir svogūną. Apšlakstykite 1/4 puodelio aliejaus ir citrinos sultimis bei pagal skonį pagardinkite druska ir pipirais. Gerai ismaisyti. Omarų mišinį išdėliokite keturiose salotomis išklotose lėkštėse.

5. Duoną paskrudinkite, tada įtrinkite pjaustyta česnako skiltele. Skrebučius aptepkite likusiu aliejumi ir pabarstykite druska. Lėkštę papuoškite skrebučiais ir pomidorų griežinėliais. Patiekite iš karto.

Toskanos tuno ir pupelių salotos

Insalata di Tonno alla Toscana

Padaro 6 porcijas

Toskanos virėjai garsėja savo sugebėjimu tinkamai išvirti pupeles. Švelnios, kreminės ir kupinos skonio pupelės įprastą patiekalą paverčia kažkuo ypatingu, kaip šiose klasikinėse salotose. Jei rasite, nusipirkite ventresca di tonno, tuno pilvą, konservuotą gerame alyvuogių aliejuje. Pilvas laikomas subtiliausia tuno dalimi. Jis yra brangesnis, bet pilnas skonio ir mėsingos tekstūros.

3 šaukštai aukščiausios kokybės pirmojo spaudimo alyvuogių aliejaus

1-2 šaukštai šviežių citrinų sulčių

Druska ir šviežiai malti juodieji pipirai

3 puodeliai virtų arba konservuotų cannellini pupelių, nusausintų

2 minkšti salierų šonkauliukai, plonais griežinėliais

1 mažas raudonasis svogūnas, labai plonai pjaustytas

2 (7 uncijos) skardinės itališko tuno, supakuotos į alyvuogių aliejų

2 arba 3 belgiškos endyvijos, nukirptos ir suskaldytos į ietis

1. Vidutiniame dubenyje sumaišykite aliejų, citrinos sultis ir druską pagal skonį bei gausiai maltą pipirą.

2. Sudėkite pupeles, salierą, svogūną ir tuną. Gerai ismaisyti.

3. Lėkštėje išdėliokite endivijos ietis. Ant viršaus uždėkite salotas. Patiekite iš karto.

Kuskuso tuno salotos

Insalata di Tonno e Couscusu

Padaro 4 porcijas

Kuskusas valgomas keliuose Italijos regionuose, įskaitant Sicilijos ir Toskanos dalis. Kiekvienais metais Sicilijos mieste San Vito lo Capo vyksta kuskuso festivalis, pritraukiantis šimtus tūkstančių lankytojų iš viso pasaulio. Tradiciškai kuskusas gaminamas su įvairiomis jūros gėrybėmis, mėsa ar daržovėmis ir patiekiamas karštas. Šios greitai paruošiamos tuno ir kuskuso salotos yra sotus šiuolaikinis patiekalas.

1 puodelis tirpaus kuskuso

Druska

2 šaukštai susmulkinto šviežio baziliko

3 šaukštai alyvuogių aliejaus

2 šaukštai citrinos sulčių

Šviežiai malti juodieji pipirai

1 (7 uncijos) skardinė itališko tuno, marinuoto alyvuogių aliejuje

2 minkšti salierų šonkauliukai, supjaustyti

1 pomidoras, susmulkintas

1 mažas agurkas, nuluptas, išskobtas ir susmulkintas

1. Kuskusą išvirkite su druska pagal skonį pagal pakuotės nurodymus.

2. Nedideliame dubenyje sumaišykite baziliką, aliejų, citrinos sultis, druską ir pipirus pagal skonį. Įmaišykite šiltą kuskusą. Gerai ismaisyti. Paragaukite ir sureguliuokite prieskonius. Išdžiovinkite tuną ir sudėkite į dubenį su salierais, pomidorais ir agurkais.

3. Gerai ismaisyti. Paragaukite ir sureguliuokite prieskonius. Patiekite kambario temperatūroje arba trumpam atvėsinkite šaldytuve.

Tuno salotos su pupelėmis ir rukola

Insalata di Tonno, Fagioli ir Rucola

Padaro nuo 2 iki 4 porcijų

Manau, galėčiau parašyti visą knygą apie savo mėgstamiausias tuno salotas. Aš dažnai tai gaminu greitiems pietums ar vakarienei.

1 didelė ryšulė rukolos arba rėžiukų

2 puodeliai virtų arba konservuotų cannellini arba spanguolių pupelių, nusausintų

1 (7 uncijos) skardinė itališko tuno, marinuoto alyvuogių aliejuje

¼ stiklinės susmulkinto raudonojo svogūno

2 šaukštai kaparėlių, nuplauti ir nusausinti

1 valgomasis šaukštas šviežių citrinų sulčių

Druska ir šviežiai malti juodieji pipirai

Citrinos griežinėliai papuošimui

1. Nupjaukite kietus rukolos ar rėžiukų stiebus ir išmeskite geltonus ar sumuštus lapus. Rukolą kelis kartus nuplaukite

vėsiame vandenyje. Labai gerai džiūsta. Žalumynus suplėšykite kąsnio dydžio gabalėliais.

2.Dideliame salotų dubenyje sumaišykite pupeles, tuną ir jo aliejų, raudonąjį svogūną, kaparėlius ir citrinos sultis. Gerai ismaisyti.

3.Įmaišykite žalumynus ir patiekite, papuošę citrinos griežinėliais.

Penktadienio vakaro tuno salotos

Insalata di Venerdi Sera

Padaro 4 porcijas

Vienu metu katalikų namuose penktadieniai buvo be mėsos dienos. Vakarienę mūsų namuose dažniausiai sudarė makaronai, pupelės ir šios paprastos salotos.

1 (7 uncijos) skardinė itališko tuno, marinuoto alyvuogių aliejuje

2 salierų šonkauliukai su lapeliais, apipjaustyti ir supjaustyti

2 vidutiniai pomidorai, supjaustyti kąsnio dydžio gabalėliais

2 kietai virti kiaušiniai, nulupti ir supjaustyti ketvirčiais

3 arba 4 griežinėliai raudonojo svogūno, plonais griežinėliais ir ketvirčiais

Žiupsnelis džiovintų raudonėlių

2 šaukštai aukščiausios kokybės pirmojo spaudimo alyvuogių aliejaus

½ vidutinių romaninių salotų galvų, nuplauti ir išdžiovinti

Citrinos skiltelės

1. Sudėkite tuną su aliejumi į didelį dubenį. Tuną šakute sulaužykite gabalėliais.

2. Į tuną sudėkite salierą, pomidorus, kiaušinius ir svogūnus. Apšlakstykite raudonėliu ir alyvuogių aliejumi ir lengvai pakepinkite.

3. Lėkštėje išdėliokite salotų lapus. Ant viršaus uždėkite tuno salotas. Papuoškite citrinos griežinėliais ir nedelsdami patiekite.

MATAVIMAI

Gorgonzolos ir lazdyno riešutų padažas

Salsa di Gorgonzola ir Nocciole

Padaro apie 2/3 puodelių

Šį padažą turėjau Pjemonte, kur jis buvo patiekiamas ant endivijos lapų, tačiau jis tinka su bet kokiu kramtomųjų žalumynų kiekiu, pavyzdžiui, frisée, escarole ar špinatais.

4 šaukštai aukščiausios kokybės pirmojo spaudimo alyvuogių aliejaus

1 valgomasis šaukštas raudonojo vyno acto

Druska ir šviežiai malti juodieji pipirai

2 šaukštai trupintos gorgonzolos

¼ puodelio kapotų skrudintų lazdyno riešutų (žr<u>Kaip skrudinti ir valyti riešutus</u>)

Nedideliame dubenyje sumaišykite aliejų, actą, druską ir pipirus pagal skonį. Įmaišykite gorgonzolą ir lazdyno riešutus. Patiekite iš karto.

Citrinų grietinėlės padažas

Salsa di Limone alla Panna

Padaro apie 1/3 puodelio

Šiek tiek grietinėlės nuima citrinų padažą. Man patinka ant švelnių salotų lapų.

3 šaukštai aukščiausios kokybės pirmojo spaudimo alyvuogių aliejaus

1 valgomasis šaukštas šviežių citrinų sulčių

1 valgomasis šaukštas riebios grietinėlės

Druska ir šviežiai malti juodieji pipirai

    Nedideliame dubenyje suplakite visus ingredientus. Patiekite iš karto.

Apelsinų-medaus padažas

Citronette al'Arancia

Padaro apie 1/3 puodelio

Dėl šio padažo saldumo jis puikiai tinka mišriems žalumynams, tokiems kaip mesclun. Arba išbandykite su rėžiukų, raudonųjų svogūnų ir juodųjų alyvuogių deriniu.

3 šaukštai aukščiausios kokybės pirmojo spaudimo alyvuogių aliejaus

1 arbatinis šaukštelis medaus

2 šaukštai šviežių apelsinų sulčių

Druska ir šviežiai malti juodieji pipirai

    Nedideliame dubenyje suplakite visus ingredientus. Patiekite iš karto.

Mėsos sultinys

Brodas di Karnesas

Padaro apie 4 litrus

Štai pagrindinis sultinys, pagamintas iš įvairių rūšių mėsos, skirtas sriuboms, rizotams ir troškiniams gaminti. Geras sultinys turi būti pilnas skonio, bet ne toks agresyvus, kad užgožtų maisto skonį. Galima naudoti jautieną, veršieną ir paukštieną, tačiau venkite kiaulienos ar ėrienos. Jų skonis yra stiprus ir gali nugalėti sultinį. Pakeiskite šio sultinio mėsos proporcijas pagal savo skonį arba pagal turimus ingredientus.

2 svarai mėsingų jautienos kaulų

2 svarai veršienos mentės su kaulais

2 svarai vištienos arba kalakutienos dalių

2 morkos, nupjautos ir supjaustytos į 3 arba 4 dalis

2 salierų šonkauliukai su lapeliais, supjaustyti į 3 arba 4 dalis

2 vidutiniai svogūnai, nulupti, bet palikti sveiki

1 didelis pomidoras arba 1 puodelis pjaustytų konservuotų pomidorų

1 skiltelė česnako

3 arba 4 šakelės šviežių plokščiakočių petražolių

1. Dideliame puode sumaišykite mėsą, kaulus ir vištienos dalis. Įpilkite 6 litrus šalto vandens ir užvirinkite ant vidutinės ugnies.

2. Sureguliuokite šilumą taip, kad vanduo vos vos užvirtų. Nugriebkite putas ir riebalus, kurie iškyla į sultinio paviršių.

3. Kai putos nustos kilti, sudėkite likusius ingredientus. Virkite 3 valandas, reguliuodami ugnį, kad skystis švelniai burbuliuotų.

4. Leiskite sultiniui trumpai atvėsti, tada perkoškite į plastikinius indus. Sultinį galima naudoti iš karto arba leisti visiškai atvėsti, tada uždengti ir laikyti šaldytuve iki 3 dienų arba šaldiklyje iki 3 mėnesių.

Vištienos sultinys

Brodas di Pollo

Padaro apie 4 litrus

Sena vištiena, žinoma kaip višta, sultiniui suteikia sodresnį ir sodresnį skonį nei jaunesnis paukštis. Jei nerandate vištienos, pabandykite į sultinį įberti kalakuto sparnelių ar sprandelių, bet nenaudokite per daug kalakutienos, nes vištienos skonis nugalės.

Didžioji dalis skonio išsiplaus iš mėsos po kepimo, tačiau taupūs italų kulinarai naudoja jį salotoms gaminti arba susmulkinti makaronų ar daržovių įdarui.

1 4 svarų visa vištiena arba vištiena

2 svarai vištienos arba kalakutienos dalių

2 salierų šonkauliukai su lapeliais, supjaustyti

2 morkos, supjaustytos

2 vidutiniai svogūnai, nulupti ir palikti sveiki

1 didelis pomidoras arba 1 puodelis pjaustytų konservuotų pomidorų

1 skiltelė česnako

3 ar 4 šakelės šviežių petražolių

1. Vištieną ir vištienos ar kalakuto dalis sudėkite į didelį puodą. Įpilkite 5 litrus šalto vandens ir užvirinkite ant vidutinės ugnies.

2. Sureguliuokite šilumą taip, kad vanduo vos vos užvirtų. Nugriebkite putas ir riebalus, kurie iškyla į sultinio paviršių.

3. Kai putos nustos kilti, sudėkite likusius ingredientus. Virkite 2 valandas, reguliuodami ugnį, kad skystis švelniai burbuliuotų.

4. Leiskite sultiniui trumpai atvėsti, tada perkoškite į plastikinius indus. Sultinį galima naudoti iš karto arba leisti visiškai atvėsti, tada uždengti ir laikyti šaldytuve iki 3 dienų arba šaldiklyje iki 3 mėnesių.

Antuanetės pupelių sriuba

Zuppa di Fagioli

Padaro 8 porcijas

Kai lankiausi Pasetti šeimos vyninėje Abrucose, jų virėja Antonietta pietums gamino šią pupelių sriubą. Jis pagrįstas klasika<u>Abruko stiliaus skudurai</u>, bet galite naudoti kitą pomidorų padažą su mėsa arba be jos.

Maisto malūnėlis naudojamas pupelėms išlyginti ir odelėms pašalinti. Sriubą taip pat galite sutrinti virtuviniu kombainu arba blenderiu. Antonietta patiekė sriubą su šviežiai tarkuotu Parmigiano-Reggiano, nors ji mums pasakė, kad tradiciškai regione sriubą gardinti šviežiomis žaliomis čili sėklomis. Kartu su tarkuotu sūriu ji išdavė lėkštę čili ir peilį, kad kiekvienas valgytojas galėtų susmulkinti ir įdėti savo.

2 puodeliai<u>Abruko stiliaus skudurai</u>, arba kitokiu mėsos ar pomidorų padažu

3 stiklines vandens

4 puodeliai nusausintų virtų džiovintų arba konservuotų spanguolių arba cannellini pupelių

Druska ir šviežiai malti juodieji pipirai pagal skonį

4 uncijos spagečiai, supjaustyti arba susmulkinti į 2 colių gabalus

Šviežiai tarkuotas Parmigiano-Reggiano

1 arba 2 švieži žali čili, tokie kaip jalapenos (nebūtina)

1. Jei reikia, pasigaminkite ragù. Tada dideliame puode sumaišykite ragu ir vandenį. Puode esančias pupeles perpilkite per maisto malūną. Troškinkite, retkarčiais pamaišydami, kol sriuba bus karšta. Įberkite druskos ir pipirų pagal skonį.

2. Sudėkite makaronus ir gerai išmaišykite. Virkite, dažnai maišydami, kol makaronai suminkštės. Įpilkite šiek tiek daugiau vandens, jei sriuba taps per tiršta.

3. Patiekite karštą arba šiltą. Išmeskite sūrį ir šviežius čili, jei naudojate, atskirai.

Makaronai ir pupelės

Makaronai ir Fagioli

Padaro 8 porcijas

Ši neapolietiška pupelių ir makaronų sriubos versija (žinoma tarminiu pavadinimu „pasta fazool") dažniausiai patiekiama labai tiršta, tačiau ją vis tiek reikia valgyti su šaukštu.

1/4 puodelio alyvuogių aliejaus

2 salierų stiebai, susmulkinti (apie 1 puodelis)

2 skiltelės česnako, smulkiai supjaustytos

1 puodelis nuluptų, be sėklų ir susmulkintų šviežių arba konservuotų pomidorų

Žiupsnelis maltų raudonųjų pipirų

Druska

3 puodeliai nusausintų virtų džiovintų arba konservuotų cannellini arba šiaurinių pupelių

8 uncijos ditalini arba padalinti spagečiai

1. Supilkite aliejų į didelį puodą. Sudėkite salierą ir česnaką. Virkite, dažnai maišydami, ant vidutinės ugnies, kol daržovės taps minkštos ir auksinės spalvos, maždaug 10 minučių. Įdėkite pomidorų, maltų raudonųjų pipirų ir druskos pagal skonį. Troškinkite, kol šiek tiek sutirštės, apie 10 minučių.

2. Sudėkite pupeles į pomidorų padažą. Mišinį užvirinkite. Kai kurias pupeles sutrupinkite didelio šaukšto nugarėlėmis.

3. Užvirinkite didelį puodą vandens. Įpilkite druskos pagal skonį, tada makaronus. Gerai ismaisyti. Virkite ant stiprios ugnies, dažnai maišydami, kol makaronai suminkštės, bet šiek tiek apskrus. Nusausinkite makaronus, pasilikdami dalį virimo vandens.

4. Į pupelių mišinį įmaišykite makaronus. Jei reikia, įpilkite šiek tiek virimo vandens, bet mišinys turi išlikti labai tirštas. Išjunkite ugnį ir prieš patiekdami leiskite pastovėti apie 10 minučių.

Kreminė pupelių sriuba

Crema di Fagioli

Padaro nuo 4 iki 6 porcijų

Šio recepto versiją radau italų kulinarijos žurnale A Tavola („Prie stalo"). Kreminė ir lygi sriuba yra švarus, raminantis ir komfortiškas maistas.

3 puodeliai nusausintų virtų džiovintų arba konservuotų cannellini arba šiaurinių pupelių

Apie 2 puodeliai naminio <u>Mėsos sultinys</u> arba pusės parduotuvėje pirkto jautienos sultinio ir pusės vandens mišinys

½ stiklinės pieno

2 kiaušinių tryniai

½ puodelio šviežiai tarkuoto Parmigiano-Reggiano ir daugiau patiekimui

Druska ir šviežiai malti juodieji pipirai

1. Pupeles sutrinkite virtuviniu kombainu, blenderiu arba maisto malūnėliu.

2. Vidutiniame puode ant vidutinės ugnies užvirinkite sultinį. Įmaišykite pupelių tyrę ir vėl troškinkite.

3. Nedideliame dubenyje išplakite pieną ir kiaušinių trynius. Supilkite apie puodelį sriubos į dubenį ir išplakite iki vientisos masės. Supilkite mišinį į puodą. Virkite maišydami, kol labai karšta, bet neužvirs.

4. Įmaišykite Parmigiano-Reggiano ir druskos bei pipirų pagal skonį. Patiekite karštą, apibarstę sūriu.

Friulio miežių ir pupelių sriuba

Zuppa di Orzo ir Fagioli

Padaro 6 porcijas

Nors Jungtinėse Valstijose geriau žinomas kaip nedidelė makaronų forma, orzo yra itališkas miežių pavadinimas, vienas iš pirmųjų kada nors auginamų grūdų. Regionas, kuris dabar yra Friulis Italijoje, kadaise buvo Austrijos dalis. Miežių buvimas atskleidžia austriškas šios sriubos šaknis.

Jei naudojate jau virtas arba konservuotas pupeles, pakeiskite 3 puodelius arba dvi 16 uncijų skardines nusausintų pupelių, sumažinkite vandens kiekį iki 4 puodelių ir 2 veiksme sriubą virkite tik 30 minučių. Tada tęskite, kaip nurodyta.

2 šaukštai alyvuogių aliejaus

2 uncijos pancetta, plonai supjaustytos

2 salierų šonkauliukai, susmulkinti

2 morkos, susmulkintos

1 vidutinio dydžio svogūnas, supjaustytas

1 skiltelė česnako, smulkiai pjaustyta

1 puodelis (apie 8 uncijos) džiovintų cannellini arba Didžiosios šiaurinės pupelės

½ puodelio sorgo, nuplaukite ir nusausinkite

Druska ir šviežiai malti juodieji pipirai

1. Supilkite aliejų į didelį puodą. Pridėti pancetta. Virkite, dažnai maišydami, ant vidutinės ugnies, kol pancetta lengvai paruduos, maždaug 10 minučių. Sudėkite salierą, morkas, svogūnus ir česnaką. Kepkite, dažnai maišydami, kol daržovės taps auksinės spalvos, maždaug 10 minučių.

2. Įpilkite pupelių ir 8 puodelius vandens. Užvirinkite. Uždenkite ir troškinkite 11/2–2 valandas arba tol, kol pupelės labai suminkštės.

3. Kai kurias pupeles sutrupinkite didelio šaukšto nugarėlėmis. Įpilkite miežių, druskos ir pipirų pagal skonį. Virkite 30 minučių arba tol, kol miežiai suminkštės. Sriubą dažnai maišykite, kad miežiai nepriliptų prie puodo dugno. Įpilkite vandens, jei sriuba per tiršta. Patiekite karštą arba šiltą.

Pupelių ir grybų sriuba

Fagioli ir Funghi kasyklos

Padaro 8 porcijas

Vėsusi rudens diena Toskanoje atnešė man sočios sriubos dubenį ir paskatino pavalgyti paprastą, bet įsimintiną patiekalą. Pienzoje esančiame restorane „Il Prato" padavėjas pranešė, kad tą dieną virtuvė paruošė ypatingą pupelių sriubą. Sriuba buvo skani, žemiško, dūminio skonio, kurį vėliau išmokau, kai įdėjau džiovintų kiaulienos grybų. Po sriubos užsisakiau puikaus pecorino sūrio, kuriuo garsėja Pienza.

½ uncijos džiovintų kiaulienos grybų

1 puodelis šilto vandens

2 vidutinės morkos, supjaustytos

1 saliero stiebas, susmulkintas

1 vidutinio dydžio svogūnas, supjaustytas

1 puodelis nuluptų, be sėklų ir susmulkintų šviežių arba konservuotų pomidorų

¼ puodelio kapotų šviežių plokščių petražolių

6 stiklinės naminės<u>Mėsos sultinys</u>arba<u>Vištienos sultinys</u>arba pusės parduotuvėje pirkto sultinio ir pusės vandens mišinys

3 puodeliai nusausintų virtų džiovintų arba konservuotų cannellini arba didžiųjų šiaurinių pupelių

½ puodelio vidutinio grūdo ryžių, tokių kaip Arborio

Druska ir šviežiai malti juodieji pipirai pagal skonį

1. Grybus pamirkykite vandenyje 30 minučių. Išimkite grybus ir palikite skystį. Grybus nuplaukite po šaltu tekančiu vandeniu, kad pašalintumėte smėlį, ypatingą dėmesį skirdami stiebams, kuriuose kaupiasi dirvožemis. Grybus stambiai supjaustykite. Grybų skystį perkoškite per popierinį kavos filtrą į dubenį ir pasilikite.

2. Dideliame puode sumaišykite grybus ir jų skystį, morkas, salierą, svogūną, pomidorą, petražoles ir sultinį. Užvirinkite. Virkite, kol daržovės suminkštės, apie 20 minučių.

3. Įpilkite pupelių ir ryžių bei pagal skonį druskos ir pipirų. Virkite, kol ryžiai suminkštės, 20 minučių, retkarčiais pamaišydami. Patiekite karštą arba šiltą.

Milano stiliaus makaronai ir pupelės

Makaronai ir Fagioli alla Milanese

Padaro 8 porcijas

Šiai sriubai paprastai naudojami švieži makaronų likučiai, vadinami maltagliati ("blogai supjaustyti"), arba galite naudoti šviežią fettuccine, supjaustytą kąsnio dydžio gabalėliais.

2 šaukštai nesūdyto sviesto

2 šaukštai alyvuogių aliejaus

6 švieži šalavijų lapai

1 valgomasis šaukštas kapotų šviežių rozmarinų

4 morkos, susmulkintos

4 salierų šonkauliukai, susmulkinti

3 vidutiniškai verdančios bulvės, supjaustytos

2 svogūnai, susmulkinti

4 pomidorai, nulupti, nulupti ir supjaustyti, arba 2 puodeliai kapotų konservuotų pomidorų

1 svaras (apie 2 puodeliai) džiovintų spanguolių arba cannellini pupelių (žr<u>Kaimiško stiliaus pupelės</u>) arba 4 16 uncijų skardines

Apie 8 puodelius naminio<u>Mėsos sultinys</u>arba pusės parduotuvėje pirktos jautienos ar daržovių sultinio ir pusės vandens mišinys

Druska ir šviežiai malti juodieji pipirai

8 uncijos šviežio maltagliati arba šviežio fettuccine, supjaustyto 1 colio gabalėliais

Nerafinuotas alyvuogių aliejus

1. Dideliame puode ant vidutinės ugnies ištirpinkite sviestą su aliejumi. Įmaišykite šalavijus ir rozmarinus. Sudėkite morkas, salierus, bulves ir svogūnus. Kepkite, dažnai maišydami, kol suminkštės, apie 10 minučių.

2. Įmaišykite pomidorus ir pupeles. Įpilkite sultinio ir druskos bei pipirų pagal skonį. Mišinį užvirinkite. Troškinkite, kol visi ingredientai labai suminkštės, apie 1 valandą.

3. Išimkite pusę sriubos iš puodo ir perpilkite per maisto malūną arba sutrinkite trintuvu. Supilkite tyrę atgal į puodą. Gerai išmaišykite ir sudėkite makaronus. Sriubą užvirinkite, tada išjunkite ugnį.

4. Prieš patiekdami leiskite sriubai šiek tiek atvėsti. Patiekite karštą su šlakeliu aukščiausios kokybės pirmojo spaudimo alyvuogių aliejaus ir gausiai maltais pipirais.

Lęšių ir pankolių sriuba

Zuppa di Lenticchie ir Finocchio

Padaro 8 porcijas

Lęšiai yra vieni seniausių ankštinių augalų. Jie gali būti rudi, žali, raudoni arba juodi, tačiau geriausi Italijoje lęšiai yra maži žali lęšiai iš Castelluccio Umbrijoje. Skirtingai nuo pupelių, lęšių prieš verdant nereikia mirkyti.

Išsaugokite plunksninius pankolių galus sriubai papuošti.

1 svaras rudųjų arba žaliųjų lęšių, nuskintų ir nuplautų

2 vidutiniai svogūnai, supjaustyti

2 morkos, susmulkintos

1 vidutinė verda bulvė, nulupta ir susmulkinta

1 puodelis kapotų pankolių

1 puodelis šviežių arba konservuotų pomidorų, susmulkintų

¼ puodelio alyvuogių aliejaus

Druska ir šviežiai malti juodieji pipirai

1 puodelis tubetti, ditalini arba mažų kriauklių

Šviežios pankolio šakelės, neprivaloma

Nerafinuotas alyvuogių aliejus

1. Dideliame puode sumaišykite lęšius, svogūnus, morkas, bulves ir pankolį. Įpilkite šalto vandens, kad padengtumėte 1 coliu. Užvirinkite skystį ir troškinkite 30 minučių.

2. Įmaišykite pomidorus ir alyvuogių aliejų. Įberkite druskos ir pipirų pagal skonį. Virkite, kol lęšiai suminkštės, dar apie 20 minučių. Jei reikia, įpilkite šiek tiek vandens, kad lęšiai būtų tiesiog padengti skysčiu.

3. Įmaišykite makaronus ir virkite, kol makaronai suminkštės, dar 15 minučių. Paragaukite ir sureguliuokite prieskonius. Papuoškite susmulkintomis pankolio viršūnėlėmis, jei yra. Patiekite karštą arba šiltą su šlakeliu aukščiausios kokybės pirmojo spaudimo alyvuogių aliejaus.

Špinatų, lęšių ir ryžių sriuba

Minestra di Lenticchie ir špinatai

Padaro 8 porcijas

Jei įpilsite mažiau vandens ir nedėsite ryžių, ši sriuba taps garnyru patiekiant su ant grotelių kepta žuvies filė ar kiauliena. Vietoj špinatų galima naudoti eskarolę, lapinį kopūstą, kaklelius, šveicarinius mangoldus ar kitus žalumynus.

1 svaras lęšių, nuskintų ir nuplautų

6 stiklines vandens

3 didelės česnako skiltelės, susmulkintos

¼ puodelio ypač tyro alyvuogių aliejaus

8 uncijos špinatų, su kamienais ir suplėšyti kąsnio dydžio gabalėliais

Druska ir šviežiai malti juodieji pipirai

1 puodelis virtų ryžių

1. Dideliame puode sumaišykite lęšius, vandenį, česnaką ir aliejų. Užvirinkite ir troškinkite 40 minučių. Įpilkite šiek tiek vandens, kad tik apsemtų lęšius.

2. Įmaišykite špinatus ir druską bei pipirus pagal skonį. Virkite, kol lęšiai suminkštės, dar apie 10 minučių.

3. Suberkite ryžius ir virkite, kol sušils. Patiekite karštą su šlakeliu aukščiausios kokybės pirmojo spaudimo alyvuogių aliejaus.

Lęšių ir žalumynų sriuba

Lenticchie ir Verdura kasykla

Padaro 6 porcijas

Prieš gamindami apžiūrėkite lęšius, kad pašalintumėte smulkius akmenukus ar šiukšles. Jei norite sodresnės sriubos, įdėkite puodelį ar du virtų ditalini arba susmulkintų spagečių.

¼ puodelio alyvuogių aliejaus

1 vidutinio dydžio svogūnas, supjaustytas

1 saliero stiebas, susmulkintas

1 vidutinė morka, susmulkinta

2 skiltelės česnako, smulkiai supjaustytos

½ puodelio pjaustytų konservuotų itališkų pomidorų

8 uncijos lęšių (apie 1 puodelis), nuskinti ir nuplauti

Druska ir šviežiai malti juodieji pipirai

1 svaras eskarolio, špinatų ar kitų lapinių žalumynų, apipjaustytų ir supjaustytų kąsnio dydžio gabalėliais

½ puodelio šviežiai tarkuoto Pecorino Romano arba Parmigiano-Reggiano

1. Supilkite aliejų į didelį puodą. Sudėkite svogūną, salierą, morką ir česnaką ir virkite ant vidutinės ugnies 10 minučių arba tol, kol daržovės taps minkštos ir auksinės spalvos. Įmaišykite pomidorus ir troškinkite dar 5 minutes.

2. Įpilkite lęšių, druskos, pipirų ir 4 puodelius vandens. Sriubą užvirinkite ir virkite 45 minutes arba tol, kol lęšiai suminkštės.

3. Įmaišykite žalumynus. Uždenkite ir virkite 10 minučių arba tol, kol žalumynai suminkštės. Paragaukite prieskonių.

4. Prieš patiekdami įmaišykite sūrį. Patiekite karštą.

Lęšių tyrės sriuba su skrebučiais

Purèa di Lenticchie

Padaro nuo 6 iki 8 porcijų

Prie šios švelnios Umbrijos lęšių tyrės pridedamos traškios duonos riekelės. Norėdami gauti papildomo skonio, ant skrebučio, kol jis dar šiltas, įtrinkite žalio česnako skiltelę.

1 svaras lęšių, nuskintų ir nuplautų

1 saliero stiebas, susmulkintas

1 morka, susmulkinta

1 didelis svogūnas, susmulkintas

1 didelė verda bulvė, susmulkinta

2 šaukštai pomidorų pastos

Druska ir šviežiai malti juodieji pipirai

2 šaukštai aukščiausios kokybės pirmojo spaudimo alyvuogių aliejaus, dar daugiau – patiekimui

8 riekelės itališkos arba prancūziškos duonos

1. Į didelį puodą sudėkite lęšius, daržoves ir pomidorų pastą. Įpilkite šalto vandens, kad jis padengtų 2 colius. Užvirinkite. Virkite 20 minučių. Įpilkite druskos pagal skonį ir, jei reikia, daugiau vandens, kad apsemtų ingredientus. Virkite dar 20 minučių arba tol, kol lęšiai taps labai minkšti.

2. Išpilkite puodo turinį, palikdami skystį. Lęšius ir daržoves sudėkite į virtuvinį kombainą arba trintuvą ir sutrinkite iki vientisos masės, jei reikia, dalimis. Supilkite lęšius atgal į puodą. Pagal skonį pagardinkite druska ir pipirais. Švelniai pašildykite, jei reikia, įpilkite šiek tiek virimo skysčio.

3. Didelėje keptuvėje ant vidutinės ugnies įkaitinkite 2 šaukštus alyvuogių aliejaus. Sudėkite duoną vienu sluoksniu. Kepkite, kol apačia apskrus ir apskrus, 3–4 minutes. Apverskite duonos gabalėlius ir kepkite dar apie 3 minutes.

4. Nukelkite sriubą nuo ugnies. Supilstyti į dubenėlius. Ant kiekvieno dubenėlio viršaus uždėkite po gabalėlį skrebučio. Patiekite karštą su šlakeliu alyvuogių aliejaus

Avinžirnių sriuba iš Apulijos

Ceci mano

Padaro 6 porcijas

Apulijoje ši tiršta sriuba gaminama iš trumpų šviežių makaronų, žinomų kaip laggan, juostelių. Galima pakeisti šviežią fettuccine, supjaustytą 3 colių juostelėmis, kartu su mažomis džiovintų makaronų formomis arba skaldytais spagečiais. Ši sriuba gardinama ančiuviais, o ne sultiniu, kaip virimo skystį naudojant vandenį. Ančiuviai ištirpsta sriuboje ir suteikia daug charakterio, o ne akivaizdžiai.

1/3 stiklinės alyvuogių aliejaus

3 skiltelės česnako, šiek tiek sutrintos

2 2 colių šakelės šviežio rozmarino

4 ančiuvių filė, susmulkinta

3 1/2 puodelio virtų avinžirnių arba 2 16 uncijų skardinės, nusausintų ir rezervuoto skysčio

4 uncijos šviežio fettuccine, supjaustyto 3 colių ilgio

Šviežiai malti juodieji pipirai

1. Supilkite aliejų į didelį puodą. Sudėkite česnaką ir rozmariną ir kepkite ant vidutinės ugnies, didelio šaukšto nugarėlėmis spausdami česnako skilteles, kol česnakas taps auksinės spalvos, maždaug 2 minutes. Išimkite ir išmeskite česnaką ir rozmariną. Sudėkite ančiuvių filė ir virkite maišydami, kol ančiuviai ištirps, maždaug 3 minutes.

2. Į puodą suberkite avinžirnius ir gerai išmaišykite. Pusę avinžirnių stambiai sutrinkite šaukštu arba bulvių trintuvu. Įpilkite tiek vandens arba avinžirnių virimo skysčio, kad apsemtų avinžirnius. Pašildykite skystį iki virimo temperatūros.

3. Įmaišykite makaronus. Pagal skonį pagardinkite daug maltų juodųjų pipirų. Virkite, kol makaronai suminkštės, bet tvirti kąsneliui. Nukelkite nuo ugnies ir palikite pastovėti 5 minutes. Patiekite karštą su šlakeliu aukščiausios kokybės pirmojo spaudimo alyvuogių aliejaus.

Avinžirnių ir makaronų sriuba

Ceci mano

Padaro nuo 6 iki 8 porcijų

Vidurio Italijos Markės regione ši sriuba kartais gaminama su quadrucci – nedideliais kvadratėliais iš šviežių kiaušinių makaronų. Norėdami pagaminti kvadratus, supjaustykite šviežią fettuccine į trumpus gabalėlius, kad susidarytų nedideli kvadratėliai. Tegul kiekvienas aplieja savo sriubą trupučiu pirmojo spaudimo alyvuogių aliejaus.

Iš visų ankštinių augalų, mano nuomone, sunkiausiai išvirti avinžirnius. Kartais jie suminkštėja daug ilgiau nei aš tikiuosi. Patartina šią sriubą paruošti iš anksto 2 veiksme, o tada, kai bus paruošta patiekti, pašildyti ir pabaigti, kad avinžirniai turėtų pakankamai laiko suminkštėti.

1 svaras džiovintų avinžirnių, mirkyti per naktį (žr<u>Kaimiško stiliaus pupelės</u>)

¼ puodelio alyvuogių aliejaus

1 vidutinio dydžio svogūnas, supjaustytas

2 salierų šonkauliukai, susmulkinti

2 stiklinės konservuotų pomidorų, pjaustytų

Druska

8 uncijos ditalini arba mažos alkūnės ar kriauklės

Šviežiai malti juodieji pipirai

Nerafinuotas alyvuogių aliejus

1. Supilkite aliejų į didelį puodą. Sudėkite svogūnus ir salierus ir kepkite, dažnai maišydami, ant vidutinės ugnies 10 minučių arba tol, kol daržovės taps minkštos ir auksinės spalvos. Sudėkite pomidorus ir užvirinkite. Virkite dar 10 minučių.

2. Avinžirnius nusausinkite ir suberkite į puodą. Įpilkite 1 arbatinį šaukštelį druskos ir šalto vandens, kad padengtumėte 1 coliu. Užvirinkite. Virkite 11/2–2 valandas arba tol, kol avinžirniai labai suminkštės. Jei reikia, įpilkite vandens, kad apsemtų avinžirnius.

3. Likus maždaug 20 minučių, kol avinžirniai bus paruošti, užvirkite didelį puodą vandens. Įpilkite druskos, tada makaronų. Virkite, kol makaronai suminkštės. Nusausinkite ir supilkite į sriubą. Pagal skonį pagardinkite druska ir pipirais. Patiekite karštą su šlakeliu aukščiausios kokybės pirmojo spaudimo alyvuogių aliejaus.

Ligūrijos avinžirnių ir kiaulienos sriuba

Makaronai ir Ceci con Porcini

Padaro 4 porcijas

Tai mano versija apie sriubą, pagamintą Ligūrijoje. Kai kurie kulinarai gamina be šveicariškų mangoldų, o kiti į ingredientus įtraukia kardūną.

½ uncijos džiovintų kiaulienos grybų

1 puodelis šilto vandens

¼ puodelio alyvuogių aliejaus

2 uncijos pancetta, susmulkintos

1 vidutinio dydžio svogūnas, smulkiai pjaustytas

1 vidutinė morka, smulkiai pjaustyta

1 vidutinio dydžio saliero stiebas, smulkiai pjaustytas

1 skiltelė česnako, smulkiai pjaustyta

3 puodeliai virtų džiovintų arba nusausintų konservuotų avinžirnių

8 uncijos šveicariško mango, supjaustyto skersai siauromis juostelėmis

1 vidutinė verda bulvė, nulupta ir susmulkinta

1 puodelis nuluptų, be sėklų ir susmulkintų šviežių arba konservuotų pomidorų

Druska ir šviežiai malti juodieji pipirai

1 puodelis ditalini, tubetti ar kitų smulkių makaronų

1. Grybus pamirkykite vandenyje 30 minučių. Nuimkite juos ir rezervuokite skysčio. Grybus nuplaukite po šaltu tekančiu vandeniu, kad pašalintumėte smėlį. Supjaustykite juos stambiai. Perkoškite skystį per popierinį kavos filtrą į dubenį.

2. Supilkite aliejų į didelį puodą. Pridėti pancetta, svogūną, morką, salierą ir česnaką. Kepkite, dažnai maišydami, ant vidutinės ugnies, kol svogūnai ir kiti aromatiniai produktai taps auksinės spalvos, maždaug 10 minučių.

3. Su skysčiu sumaišyti avinžirnius, šveicarišką mangoldą, bulves, pomidorus ir grybus. Įpilkite vandens, kad tik apsemtų ingredientus, ir druskos bei pipirų pagal skonį. Užvirinkite ir troškinkite, kol daržovės suminkštės, o sriuba sutirštės, maždaug 1 val. Įpilkite vandens, jei sriuba taps per tiršta.

4.Įmaišykite makaronus ir dar 2 puodelius vandens. Virkite, dažnai maišydami, apie 15 minučių arba tol, kol makaronai suminkštės. Prieš patiekdami leiskite šiek tiek atvėsti.

DARŽOVŲ SRIUBOS

Toskanos duona ir daržovių sriuba

Ribollita

Padaro 8 porcijas

Vieną vasarą Toskanoje mane vaišino šia sriuba visur, kur tik eidavau, kartais du kartus per dieną. Niekada nuo to nepavargau, nes kiekviena virėja naudojo savo ingredientų derinį ir visada buvo gerai. Tai tikrai du receptai viename. Pirmoji – mišri daržovių sriuba. Kitą dieną likučiai vėl pašildomi ir sumaišomi su vienadiene duona. Pakaitinimas suteikia sriubai itališką pavadinimą, kuris reiškia pervirta. Paprastai tai daroma ryte, o sriubai leidžiama pailsėti iki pietų. Ribollita dažniausiai patiekiama šilta arba kambario temperatūros, niekada negaruojanti karštai.

Būtinai naudokite geros kokybės kramtomąją itališką ar kaimišką duoną, kad gautumėte tinkamą tekstūrą.

4 stiklinės naminės<u>Vištienos sultinys</u>arba<u>Mėsos sultinys</u>arba pusės parduotuvėje pirkto sultinio ir pusės vandens mišinys

¼ puodelio alyvuogių aliejaus

2 minkšti salierų šonkauliukai, supjaustyti

2 vidutinės morkos, supjaustytos

2 skiltelės česnako, smulkiai supjaustytos

1 nedidelis raudonasis svogūnas, susmulkintas

¼ puodelio kapotų šviežių plokščių petražolių

1 valgomasis šaukštas kapotų šviežių šalavijų

1 valgomasis šaukštas kapotų šviežių rozmarinų

1 1/2 svarų nuluptų, be sėklų ir susmulkintų šviežių pomidorų arba 1 1/2 puodelių konservuotų itališkų nuluptų pomidorų su sultimis, susmulkintų

3 puodeliai nusausintų virtų džiovintų arba konservuotų cannellini pupelių

2 vidutiniškai verdančios bulvės, nuluptos ir supjaustytos kubeliais

2 vidutinės cukinijos, supjaustytos

1 svaras lapinių kopūstų arba kopūstų, plonais griežinėliais (apie 4 puodeliai)

8 uncijos šparaginių pupelių, nupjautų ir supjaustytų kąsnio dydžio gabalėliais

Druska ir šviežiai malti pipirai pagal skonį

Maždaug 8 uncijos vienadienės itališkos duonos, plonai supjaustytos

Nerafinuotas alyvuogių aliejus

Labai plonai pjaustytas raudonasis svogūnas (nebūtina)

1. Jei reikia, išvirkite sultinį. Tada į didelį puodą supilkite alyvuogių aliejų. Sudėkite salierą, morkas, česnaką, svogūną ir žalumynus. Virkite, dažnai maišydami, ant vidutinės ugnies, kol salierai ir kiti aromatiniai elementai taps švelnūs ir auksinės spalvos, maždaug 20 minučių. Sudėkite pomidorus ir kepkite 10 minučių.

2. Įmaišykite pupeles, likusias daržoves, druską ir pipirus pagal skonį. Įpilkite sultinio ir vandens, kad tik apsemtų. Užvirinkite. Švelniai virkite ant labai mažos ugnies, kol daržovės suminkštės, maždaug 2 valandas. Leiskite šiek tiek atvėsti, tada šaldykite per naktį arba iki 2 dienų, jei nenaudojate iš karto.

3. Paruošę patiekti, į trintuvą arba virtuvinį kombainą supilkite apie 4 puodelius sriubos. Sutrinkite sriubą, tada supilkite į puodą su likusia sriuba. Lengvai įkaista.

4. Pasirinkite puodą sriubai arba puodą, kuris būtų pakankamai didelis, kad tilptų duona ir sriuba. Į dugną padėkite duonos riekelių sluoksnį. Supilkite tiek sriubos, kad visiškai apsemtų duoną. Kartokite tvarką, kol išnaudos visa sriuba ir išmirks duona. Leiskite pastovėti mažiausiai 20 minučių. Jis turėtų būti labai storas.

5. Išmaišykite sriubą, kad sulaužytumėte duoną. Apšlakstykite aukščiausios kokybės pirmojo spaudimo alyvuogių aliejumi ir pabarstykite raudonuoju svogūnu. Patiekite šiltą arba kambario temperatūros.

Žieminių moliūgų sriuba

Zuppa di Zucca

Padaro 4 porcijas

Vaisių ir daržovių turguje italų šefai fruttivendolo gali nusipirkti didelių moliūgų ir kitų žieminių moliūgų gabalėlių, kad pagamintų šią skanią sriubą. Aš dažniausiai naudoju moliūgą arba gilę. Susmulkinta raudonoji paprika, vadinama peperoncino, suteikia netikėto aštrumo.

4 stiklinės naminės Vištienos sultinys arba pusės parduotuvėje pirkto sultinio ir pusės vandens mišinys

2 svarai žieminių moliūgų, pvz., moliūgų ar gilių

½ stiklinės alyvuogių aliejaus

2 skiltelės česnako, smulkiai supjaustytos

Žiupsnelis maltų raudonųjų pipirų

Druska

¼ puodelio kapotų šviežių plokščių petražolių

1. Jei reikia, išvirkite sultinį. Tada nulupkite moliūgą ir išimkite sėklas. Supjaustykite 1 colio gabalėliais.

2. Supilkite aliejų į didelį puodą. Įpilkite česnako ir maltų raudonųjų pipirų. Kepkite, dažnai maišydami, ant vidutinės ugnies, kol česnakas taps švelniai auksinis, maždaug 2 minutes. Įmaišykite moliūgą ir druską pagal skonį.

3. Įpilkite sultinio ir užvirinkite. Uždenkite ir virkite 35 minutes arba tol, kol moliūgai labai suminkštės.

4. Skvošą kiaurasamčiu perkelkite į virtuvinį kombainą arba trintuvą ir sutrinkite iki vientisos masės. Grąžinkite tyrę į sultinio puodą. Sriubą pakaitinkite ant silpnos ugnies ir virkite 5 minutes. Jei sriuba per tiršta, įpilkite šiek tiek vandens.

5. Įberkite druskos pagal skonį. Įmaišykite petražoles. Patiekite karštą.

„Virinto vandens" sriuba

Aquacotta

Padaro 6 porcijas

Šiai skaniai Toskanos sriubai tereikia kelių daržovių, kiaušinių ir duonos likučių, todėl italai juokaudami ją vadina „virintu vandeniu". Naudokite visus turimus grybus.

¼ puodelio alyvuogių aliejaus

2 saliero šonkauliukai, plonais griežinėliais

2 skiltelės česnako, susmulkintos

1 svaras įvairių grybų, tokių kaip mygtukai, šitake ir cremini, apipjaustyti ir supjaustyti

1 svaras šviežių slyvinių pomidorų, nuluptų, išskobtų ir susmulkintų, arba 2 puodeliai konservuotų pomidorų

Žiupsnelis maltų raudonųjų pipirų

6 kiaušiniai

6 riekelės itališkos arba prancūziškos duonos, skrudintos

4–6 šaukštai šviežiai tarkuoto pecorino sūrio

1. Supilkite aliejų į vidutinį puodą. Sudėkite salierą ir česnaką. Virkite, dažnai maišydami, ant vidutinės ugnies, kol suminkštės, apie 5 minutes.

2. Sudėkite grybus ir kepkite, retkarčiais pamaišydami, kol išgaruos grybų sultys. Sudėkite pomidorus ir maltus raudonuosius pipirus ir virkite 20 minučių.

3. Įpilkite 4 puodelius vandens ir druskos pagal skonį. Užvirinkite. Virkite dar 20 minučių.

4. Prieš patiekdami į puodelį įmuškite vieną kiaušinį. Atsargiai įmuškite kiaušinį į karštą sriubą. Pakartokite su likusiais kiaušiniais. Uždenkite ir virkite ant labai mažos ugnies 3 minutes arba tol, kol kiaušiniai išvirs pagal skonį.

5. Į kiekvieną serviravimo indą įdėkite po skrebučio riekelę. Ant viršaus atsargiai užpilkite kiaušinį ir šaukštu užpilkite karštą sriubą. Pabarstykite sūriu ir nedelsdami patiekite.

Cukinijų pesto sriuba

Zuppa di Cuchine al Pesto

Padaro nuo 4 iki 6 porcijų

Pesto aromatas, įmaišytas į karštą sriubą, yra nenugalimas.

2 stiklinės naminio Vištienos sultinys arba pusės parduotuvėje pirkto sultinio ir pusės vandens mišinys

3 šaukštai alyvuogių aliejaus

2 vidutiniai svogūnai, supjaustyti

4 mažos cukinijos (apie 1 1/4 svarų), išvalytos ir susmulkintos

3 vidutinės bulvės, nuluptos ir supjaustytos

Druska ir šviežiai malti juodieji pipirai pagal skonį

1 puodelis skaldytų spagečių

Pesto

2-3 didelės česnako skiltelės

1/2 puodelio šviežio baziliko

¼ puodelio šviežių itališkų plokščių petražolių

½ puodelio tarkuoto Parmigiano-Reggiano ir dar daugiau pabarstymui

2–3 šaukštai aukščiausios kokybės pirmojo spaudimo alyvuogių aliejaus

Druska ir šviežiai malti juodieji pipirai

1. Jei reikia, išvirkite sultinį. Tada supilkite aliejų į vidutinį puodą. Sudėkite svogūnus. Kepkite, dažnai maišydami, ant vidutinės ugnies, kol svogūnai taps minkšti ir auksinės spalvos, maždaug 10 minučių. Sudėkite cukinijas ir bulves ir virkite, retkarčiais pamaišydami, 10 minučių. Įpilkite vištienos sultinio ir 4 puodelius vandens. Užvirinkite skystį ir virkite 30 minučių. Įberkite druskos ir pipirų pagal skonį.

2. Įmaišykite makaronus. Virkite ant silpnos ugnies dar 15 minučių.

3. Pasigaminkite pesto: virtuviniu kombainu sumalkite česnaką, baziliką ir petražoles iki labai smulkios masės. Įpilkite sūrio ir palaipsniui supilkite alyvuogių aliejų, kad susidarytų tiršta pasta. Pagal skonį pagardinkite druska ir pipirais.

4. Perkelkite pesto į vidutinį dubenį; plaktuvu įplakite apie 1 puodelį karštos sriubos. Supilkite mišinį į puodą su likusia

sriuba. Leiskite pailsėti 5 minutes. Paragaukite ir sureguliuokite prieskonius. Patiekite papildomai su sūriu.

Porų, pomidorų ir duonos sriuba

Pappa al Pomodoro

Padaro 4 porcijas

Toskanos gyventojai valgo daug sriubų ir daugelis jų gaminami su duona, o ne su makaronais ar ryžiais. Tai mėgstamiausia ankstyvą rudenį, kai aplink yra daug prinokusių pomidorų ir šviežių porų. Jis taip pat geras žiemą, pagamintas iš konservuotų pomidorų.

6 stiklinės naminės <u>Vištienos sultinys</u> arba pusės parduotuvėje pirkto sultinio ir pusės vandens mišinys

3 šaukštai alyvuogių aliejaus, plius dar lašinimui

2 vidutiniai porai

3 didelės česnako skiltelės

Žiupsnelis maltų raudonųjų pipirų

2 puodeliai nuluptų, be sėklų ir susmulkintų šviežių arba konservuotų pomidorų

Druska

½ kepalo vienadienės itališkos pilno grūdo kvietinės duonos, supjaustytos 1 colio kubeliais (apie 4 puodeliai)

½ stiklinės suplėšyto šviežio baziliko

Nerafinuotas alyvuogių aliejus

1. Jei reikia, išvirkite sultinį. Tada nupjaukite poro šaknis ir tamsiai žalią dalį. Porus perpjaukite per pusę išilgai ir gerai nuplaukite po vėsiu tekančiu vandeniu. Smulkiai supjaustykite.

2. Supilkite aliejų į didelį puodą. Suberkite porus ir virkite, dažnai maišydami, ant vidutinės-mažos ugnies, kol suminkštės, apie 5 minutes. Įmaišykite česnaką ir maltus raudonuosius pipirus.

3. Sudėkite pomidorus, sultinį ir užvirkite. Virkite 15 minučių, retkarčiais pamaišydami. Įberkite druskos pagal skonį.

4. Duoną įmaišykite į sriubą ir virkite 20 minučių, retkarčiais pamaišydami. Sriuba turi būti tiršta. Jei reikia, pridėkite daugiau duonos.

5. Nuimkite nuo ugnies. Įmaišykite baziliką ir palikite pastovėti 10 minučių. Patiekite karštą su šlakeliu aukščiausios kokybės pirmojo spaudimo alyvuogių aliejaus.

Cukinijų ir pomidorų sriuba

Zuppa di Cuchine ir Pomodori

Padaro 6 porcijas

Nors mažos cukinijos yra geresnio skonio, net didesnės daržovės puikiai tinka šiai sriubai, nes jų vandeningumas ir skonio trūkumas nepastebimas su visais kitais skonio komponentais.

5 stiklinės naminio Vištienos sultinys arba pusės parduotuvėje pirkto sultinio ir pusės vandens mišinys

3 šaukštai alyvuogių aliejaus

1 vidutinio dydžio svogūnas, smulkiai pjaustytas

1 skiltelė česnako, susmulkinta

1 arbatinis šaukštelis susmulkinto šviežio rozmarino

1 arbatinis šaukštelis susmulkinto šviežio šalavijo

1 1/2 stiklinės nuluptų, be sėklų ir susmulkintų pomidorų

1 1/2 svarų cukinijų, susmulkintų

Druska ir šviežiai malti juodieji pipirai

3 puodeliai vienadienių itališkų arba prancūziškų duonos kubelių

Šviežiai tarkuotas Parmigiano-Reggiano

1. Jei reikia, išvirkite sultinį. Tada supilkite aliejų į didelį puodą. Sudėkite svogūnus, česnakus, rozmarinus ir šalavijus. Kepkite ant vidutinės ugnies, dažnai maišydami, kol svogūnas taps auksinės spalvos, maždaug 10 minučių.

2. Sudėkite pomidorus ir gerai išmaišykite. Įpilkite sultinio ir užvirinkite. Įmaišykite cukinijas ir kepkite 30 minučių arba kol suminkštės. Pagal skonį pagardinkite druska ir pipirais.

3. Įmaišykite duonos kubelius. Kepkite, kol duona suminkštės, apie 10 minučių. Prieš patiekdami leiskite pailsėti dar 10 minučių. Patiekite su tarkuotu Parmigiano-Reggiano.

Cukinijų ir bulvių sriuba

Cuchine e Patate kasykla

Padaro 4 porcijas

Ši sriuba būdinga tai, ką galite patiekti namuose visoje Pietų Italijoje. Nedvejodami pakeiskite jį, kaip tai darytų italų kulinaras, pakeiskite cukinijas kitomis daržovėmis, tokiomis kaip šparaginės pupelės, pomidorai ar špinatai, o petražoles pakeiskite baziliku arba mėtomis.

6 stiklinės naminės Vištienos sultinys arba pusės parduotuvėje pirkto sultinio ir pusės vandens mišinys

2 šaukštai alyvuogių aliejaus

1 vidutinio dydžio svogūnas, smulkiai pjaustytas

1 svaras verdančių bulvių (apie 3 vidutinės), nuluptos ir susmulkintos

1 svaras cukinijų (apie 4 mažos), nuluptos ir susmulkintos

Druska ir šviežiai malti juodieji pipirai

2 šaukštai kapotų plokščių petražolių

Šviežiai tarkuotas Parmigiano-Reggiano arba Pecorino Romano

1. Jei reikia, išvirkite sultinį. Tada supilkite aliejų į vidutinį puodą. Įdėkite svogūną ir kepkite, dažnai maišydami, ant vidutinės ugnies, kol suminkštės ir auksinės spalvos, maždaug 10 minučių.

2. Įmaišykite bulves ir cukinijas. Įpilkite sultinio ir druskos bei pipirų pagal skonį. Užvirkite ir virkite, kol daržovės suminkštės, apie 30 minučių.

3. Įberkite druskos ir pipirų pagal skonį. Įmaišykite petražoles. Patiekite su tarkuotu sūriu.

Kreminė pankolių sriuba

Zuppa di Finocchio

Padaro 6 porcijas

Bulvės ir pankoliai yra giminingi vienas kitam. Patiekite šią sriubą, papuoštą smulkintais pankolio lapeliais ir šlakeliu aukščiausios kokybės pirmojo spaudimo alyvuogių aliejaus.

6 stiklinės naminės Vištienos sultinys arba pusės parduotuvėje pirkto sultinio ir pusės vandens mišinys

2 dideli porai, apipjaustyti

3 vidutinės pankolio svogūnėliai (apie 2 1/2 svaro)

2 šaukštai nesūdyto sviesto

1 valgomasis šaukštas alyvuogių aliejaus

5 virtos bulvės, nuluptos ir supjaustytos

Druska ir šviežiai malti juodieji pipirai

Nerafinuotas alyvuogių aliejus

1. Jei reikia, išvirkite sultinį. Tada porus perpjaukite per pusę išilgai ir gerai nuplaukite, kad tarp sluoksnių neliktų smėlio pėdsakų. Stambiai supjaustykite.

2. Pankolių stiebus nupjaukite net su svogūnais, dalį plunksniškai žalių lapelių palikite papuošimui. Nupjaukite pagrindą ir visas rudas dėmes. Svogūnus supjaustykite plonais griežinėliais.

3. Dideliame puode ant vidutinės ugnies ištirpinkite sviestą su aliejumi. Suberkite porus ir virkite, kol suminkštės, apie 10 minučių. Įpilkite pankolių, bulvių, sultinio, druskos ir pipirų pagal skonį. Užvirkite ir virkite, kol daržovės labai suminkštės, apie 1 val.

4. Daržoves kiaurasamčiu perkelkite į virtuvinį kombainą arba blenderį. Apdorokite arba plakite iki vientisos masės.

5. Grąžinkite daržoves į puodą ir švelniai pakaitinkite. Supilkite į sriubos dubenėlius, pabarstykite pankolio viršūnėmis ir apšlakstykite alyvuogių aliejumi. Patiekite karštą.

Grybų ir bulvių sriuba

Funghi ir Patate kasyklos

Padaro 6 porcijas

Štai dar viena sriuba iš Friuli-Venezia Giulia – regiono, garsėjančio puikiais grybais. Ten būtų naudojami švieži grybai, bet kadangi jų sunku rasti, pakeičiau laukinius ir auginamus grybus. Kaip tirštikliai dedami ir bulvės, ir miežiai.

8 stiklinės naminės Mėsos sultinys arba pusės parduotuvėje pirkto sultinio ir pusės vandens mišinys

2 šaukštai alyvuogių aliejaus

2 uncijos kubeliais supjaustytos pancetos, smulkiai pjaustytos

1 vidutinio dydžio svogūnas, smulkiai pjaustytas

2 salierų šonkauliukai, smulkiai pjaustyti

1 svaras įvairių grybų, tokių kaip baltieji, cremini ir portabello

4 šaukštai kapotų šviežių plokščių petražolių

2 skiltelės česnako, smulkiai supjaustytos

3 vidutinės bulvės, nuluptos ir supjaustytos

Druska ir šviežiai malti juodieji pipirai

½ stiklinės perlinių kruopų

1. Jei reikia, išvirkite sultinį. Supilkite aliejų į didelį puodą. Pridėti pancetta. Kepkite, dažnai maišydami, ant vidutinės ugnies iki auksinės spalvos, maždaug 10 minučių. Sudėkite svogūną ir salierą ir kepkite, retkarčiais pamaišydami, kol suminkštės, maždaug 5 minutes.

2. Sudėkite grybus, 2 šaukštus petražolių ir česnako. Virkite, dažnai maišydami, kol grybų sultys išgaruos, apie 10 minučių.

3. Sumaišykite bulves, druską ir pipirus. Įpilkite sultinio ir užvirinkite. Suberkite miežius ir troškinkite neuždengę 1 valandą arba tol, kol miežiai suminkštės ir sriuba sutirštės.

4. Pabarstykite likusiomis petražolėmis ir patiekite karštą.

Kreminė žiedinių kopūstų sriuba

Vellutata di Cavolfiore

Padaro 6 porcijas

Elegantiška sriuba, patiekiama ypatingos vakarienės pradžioje. Jei turite triufelių aliejaus ar pastos, pabandykite šiek tiek įpilti į sriubą prieš patiekiant, nepalikdami sūrio.

1 vidutinis žiedinis kopūstas, nupjautas ir supjaustytas 1 colio žiedeliais

Druska

3 šaukštai nesūdyto sviesto

¼ stiklinės universalių miltų

Apie 2 stiklines pieno

Šviežiai tarkuotas muskato riešutas

½ puodelio riebios grietinėlės

¼ puodelio šviežiai tarkuoto Parmigiano-Reggiano

1. Užvirinkite didelį puodą vandens. Įdėkite žiedinių kopūstų ir druskos pagal skonį. Virkite, kol žiedinis kopūstas labai suminkštės, apie 10 minučių. Gerai nusausina.

2. Vidutiniame puode ant vidutinės ugnies ištirpinkite sviestą. Suberkite miltus ir gerai išmaišykite 2 minutes. Labai lėtai įmaišykite 2 puodelius pieno ir druskos pagal skonį. Užvirinkite ir nuolat maišydami virkite 1 minutę, kol sutirštės ir pasidarys vientisa masė. Nuimkite nuo ugnies. Įmaišykite muskato riešutą ir grietinėlę.

3. Žiedinį kopūstą sudėkite į virtuvinį kombainą arba blenderį. Jei reikia, sutrinkite tyrę, įpilkite šiek tiek padažo, kad tyrė būtų vientisa. Supilkite tyrę į keptuvę su likusiu padažu. Gerai ismaisyti. Švelniai pakaitinkite, jei reikia, įpilkite daugiau pieno, kad išvirti tiršta sriuba.

4. Nuimkite nuo ugnies. Paragaukite ir sureguliuokite prieskonius. Įmaišykite sūrį ir patiekite.

Sicilietiška pomidorų miežių sriuba

Minestra d'Orzo alla Siciliana

Padaro nuo 4 iki 6 porcijų

Užuot tarkinę sūrį, siciliečiai dažnai patiekia sriubą su smulkiais gabalėliais supjaustytu sūriu. Jis niekada visiškai neištirpsta į sriubą ir kiekvieną kąsnį galite paragauti sūrio.

8 stiklinės naminės<u>Vištienos sultinys</u>arba<u>Mėsos sultinys</u>arba pusės parduotuvėje pirkto sultinio ir pusės vandens mišinys

8 uncijos perlinių miežių, nuskintų ir nuplautų

2 vidutiniai pomidorai, nulupti, nulupti ir supjaustyti, arba 1 puodelis kapotų konservuotų pomidorų

1 saliero šonkaulis, smulkiai pjaustytas

1 vidutinio dydžio svogūnas, smulkiai pjaustytas

Druska ir šviežiai malti juodieji pipirai

1 puodelis kubeliais pjaustytų Pecorino Romano

1. Jei reikia, išvirkite sultinį. Dideliame puode sumaišykite sultinį, miežius ir daržoves ir užvirinkite. Virkite, kol miežiai suminkštės, apie 1 val. Įpilkite vandens, jei sriuba taps per tiršta.

2. Pagardinkite druska ir pipirais pagal skonį. Supilkite sriubą į dubenėlius, ant viršaus pabarstykite sūriu.

Raudonųjų pipirų sriuba

Zuppa di Peperoni Rossi

Padaro 6 porcijas

Ryški raudonai oranžinė šios sriubos spalva patraukli ir tinka gaiviam, skaniam skoniui. Jį įkvėpė sriuba, kurią ragavau populiariame Florencijos restorane „Il Cibreo". Mėgstu patiekti su šilta focaccia.

6 stiklinės naminės<u>Vištienos sultinys</u>arba pusės parduotuvėje pirkto sultinio ir pusės vandens mišinys

2 šaukštai alyvuogių aliejaus

1 vidutinio dydžio svogūnas, supjaustytas

1 saliero stiebas, susmulkintas

1 morka, susmulkinta

5 didelės raudonosios paprikos, išskobtos ir susmulkintos

5 vidutinės bulvės, nuluptos ir supjaustytos

2 pomidorai, nulupti ir supjaustyti

Druska ir šviežiai malti juodieji pipirai

1 stiklinė pieno

Šviežiai tarkuotas Parmigiano-Reggiano

1. Jei reikia, išvirkite sultinį. Tada supilkite aliejų į didelį puodą. Sudėkite svogūną, salierą ir morką. Virkite, dažnai maišydami, ant vidutinės ugnies, kol daržovės taps minkštos ir auksinės spalvos, maždaug 10 minučių.

2. Sudėkite paprikas, bulves ir pomidorus ir gerai išmaišykite. Įpilkite sultinio ir užvirinkite. Sumažinkite ugnį ir troškinkite 30 minučių arba tol, kol daržovės labai suminkštės.

3. Daržoves kiaurasamčiu perkelkite į virtuvinį kombainą arba blenderį. Sutrinkite iki vientisos masės.

4. Į puodą supilkite daržovių tyrę. Švelniai pakaitinkite sriubą ir įmaišykite pieną. Neleiskite sriubai virti. Įberkite druskos ir pipirų pagal skonį. Patiekite karštą, apibarstę sūriu.

Fontina, duona ir kopūstų sriuba

Zuppa alla Valpelline

Padaro 6 porcijas

Vienas gražiausių mano prisiminimų apie Aostos slėnį – aromatingas fontina sūris ir aromatinga viso grūdo duona. Sūris gaminamas iš karvės pieno ir brandinamas kalnų urvuose. Ieškokite sūrio su natūralia žievele ir kalno siluetu, įspaustu viršūnėje, kad įsitikintumėte, jog gausite tikrą šriftą. Šiai sočiai sriubai naudokite gerą, kramtomą duoną. Crinkly Savoy kopūstai yra švelnesnio skonio nei lygialapių kopūstų.

8 stiklinės naminės<u>Mėsos sultinys</u>arba pusės parduotuvėje pirkto jautienos sultinio ir pusės vandens mišinys

2 šaukštai nesūdyto sviesto

1 nedidelis savojos kopūstas, smulkiai sutarkuotas

Druska

¼ arbatinio šaukštelio šviežiai malto muskato riešuto

¼ arbatinio šaukštelio malto cinamono

Šviežiai malti juodieji pipirai

12oz Fontina Valle d'Aosta

12 griežinėlių skrudintos ruginės be sėklų, pumpernikelio arba viso grūdo duonos

1. Jei reikia, išvirkite sultinį. Tada dideliame puode ištirpinkite sviestą. Įpilkite kopūstų ir druskos pagal skonį. Uždenkite ir virkite ant silpnos ugnies 30 minučių, retkarčiais pamaišydami, kol kopūstas suminkštės.

2. Įkaitinkite orkaitę iki 350° F. Į didelį puodą sudėkite sultinį, muskato riešutą, cinamoną, druską ir pipirus ir užvirinkite ant vidutinės ugnies.

3. Įdėkite 4 duonos riekeles į gilios, 3 litrų orkaitei atsparios olandiškos orkaitės dugną arba į gilų, sunkų puodą ar kepimo indą. Uždenkite puse kopūsto ir trečdaliu sūrio. Pakartokite su kitu sluoksniu duonos, kopūstų ir sūrio. Uždenkite likusia duona. Atsargiai supilkite karštą sultinį. Sūrį sulaužykite gabalėliais ir pabarstykite ant sriubos.

4. Kepkite troškintuvą, kol paruduos ir pradės burbuliuoti, apie 45 minutes. Prieš patiekdami leiskite pailsėti 5 minutes.

Kreminė grybų sriuba

Grybų žvyneliai

Padaro 8 porcijas

Padėkos diena Italijoje nėra šventė, tačiau dažnai patiekiu šią kreminę šviežių ir džiovintų grybų sriubą iš Šiaurės Italijos kaip savo atostogų meniu dalį.

8 stiklinės naminės<u>Mėsos sultinys</u>arba pusės parduotuvėje pirkto jautienos sultinio ir pusės vandens mišinys

1 uncija džiovintų kiaulienos grybų

2 puodeliai karšto vandens

2 šaukštai nesūdyto sviesto

1 vidutinio dydžio svogūnas, smulkiai pjaustytas

1 skiltelė česnako, smulkiai pjaustyta

1 svaras baltųjų grybų, plonais griežinėliais

½ puodelio sauso baltojo vyno

1 valgomasis šaukštas pomidorų pastos

½ puodelio riebios grietinėlės

Susmulkintos šviežios plokščialapės petražolės, papuošimui

Druska ir šviežiai malti juodieji pipirai

1. Jei reikia, išvirkite sultinį. Tada įdėkite kiaulienos grybus į vandenį ir palikite 30 minučių. Išimkite grybus iš dubens ir palikite skysčio. Grybus nuplaukite po šaltu tekančiu vandeniu, kad pašalintumėte smėlį, ypač atkreipkite dėmesį į stiebų galus, kuriuose kaupiasi dirvožemis. Grybus stambiai supjaustykite. Grybų skystį perkoškite per popierinį kavos filtrą į dubenį.

2. Ištirpinkite sviestą dideliame puode ant vidutinės ugnies. Sudėkite svogūnus ir česnakus ir pakepinkite 5 minutes. Sumaišykite visus grybus ir kepkite, retkarčiais pamaišydami, kol grybai taps šviesiai auksiniai, maždaug 10 minučių. Įberkite druskos ir pipirų pagal skonį.

3. Įpilkite vyno ir užvirinkite. Įmaišykite sultinį, grybų skystį ir pomidorų pastą. Sumažinkite ugnį ir troškinkite 30 minučių.

4. Įmaišykite grietinėlę. Pabarstykite petražolėmis ir nedelsdami patiekite.

Daržovių sriuba su pesto

Minestrone al Pesto

Padaro nuo 6 iki 8 porcijų

Ligūrijoje minestrone dubenėliai patiekiami su šlakeliu kvapnaus pesto padažo. Tai nėra būtina, bet tikrai pagerina sriubos skonį.

¼ puodelio alyvuogių aliejaus

1 vidutinio dydžio svogūnas, supjaustytas

2 morkos, susmulkintos

2 salierų šonkauliukai, susmulkinti

4 prinokę pomidorai, nulupti, išskobti ir supjaustyti

1 svaras pjaustytų šveicariškų mangoldų arba špinatų

3 vidutinės bulvės, nuluptos ir supjaustytos

3 mažos cukinijos, susmulkintos

8 uncijos šparaginių pupelių, supjaustytų 1/2 colio gabalėliais

8 uncijos lukštentų šviežių cannellini arba borlotti pupelių arba 2 puodeliai nusausintų virtų džiovintų arba konservuotų pupelių

Druska ir šviežiai malti juodieji pipirai

1 receptas<u>Pesto</u>

4 uncijos mažų makaronų formų, tokių kaip tubetti arba alkūnės

1. Supilkite aliejų į didelį puodą. Sudėkite svogūnus, morkas ir salierą. Virkite, dažnai maišydami, ant vidutinės ugnies, kol daržovės taps minkštos ir auksinės spalvos, maždaug 10 minučių.

2. Įmaišykite pomidorus, šveicarišką mangoldą, bulves, cukinijas ir pupeles. Įpilkite tiek vandens, kad tik apsemtų daržoves. Įberkite druskos ir pipirų pagal skonį. Troškinkite, retkarčiais pamaišydami, kol sriuba sutirštės ir daržovės suminkštės, apie 1 val. Įpilkite šiek tiek vandens, jei jis bus per tirštas.

3. Tuo tarpu, jei norite, paruoškite pesto. Kai sriuba sutirštės, suberkite makaronus. Virkite maišydami, kol makaronai suminkštės, apie 10 minučių. Leiskite šiek tiek atvėsti. Patiekite karštą, išmesdami dubenį pesto, kuris bus patiekiamas prie stalo, arba supilkite sriubą į dubenėlius ir įdėkite pesto į kiekvieno jų centrą.

Kiaušinių sriuba iš Pavijos

Zuppa alla Pavese

Padaro 4 porcijas

Sultinyje virti kiaušiniai – greitas ir skanus patiekalas. Sriuba paruošta patiekti, kai baltymai ką tik sustings, o tryniai dar minkšti.

2 litrai naminio<u>Mėsos sultinys</u>arba pusės parduotuvėje pirkto sultinio ir pusės vandens mišinys

4 riekelės kaimiškos duonos, lengvai paskrudintos

4 dideli kiaušiniai, kambario temperatūros

4–6 šaukštai šviežiai tarkuoto Parmigiano-Reggiano

Druska ir šviežiai malti juodieji pipirai

1. Jei reikia, išvirkite sultinį. Jei ne šviežiai paruoštas, sultinį užvirinkite. Pagal skonį pagardinkite druska ir pipirais.

2. Paruošti 4 dubenys kaitintos sriubos. Į kiekvieną dubenį įdėkite po gabalėlį skrebučio, tada ant kiekvienos skrebučio riekelės įmuškite po kiaušinį.

3. Karštą sultinį užpilkite ant kiaušinių, kad jie pasidengtų keliais centimetrais. Pabarstykite sūriu. Leiskite pastovėti, kol kiaušinio baltymas paruduos pagal skonį. Patiekite karštą.

Romos kiaušinių lašų sriuba

Stracciatella

Padaro 4 porcijas

Stracciatella reiškia „maži skudurėliai", nuoroda į kiaušinių atsiradimą sriuboje. Norėdami pagerinti sultinio skonį, galite įpilti šiek tiek citrinos sulčių arba malto muskato riešuto.

8 stiklinės naminės Vištienos sultinys arba pusės parduotuvėje pirkto sultinio ir pusės vandens mišinys

3 dideli kiaušiniai

1/4 puodelio šviežiai tarkuoto Parmigiano-Reggiano

Druska ir šviežiai malti juodieji pipirai

1 valgomasis šaukštas labai smulkiai pjaustytų šviežių plokščių petražolių

1. Jei reikia, išvirkite sultinį. Jei jis nėra ką tik pagamintas, sultinį pakaitinkite, kol užvirs.

2. Nedideliame dubenyje suplakite kiaušinius, sūrį, druską ir pipirus, kol gerai susimaišys. Lėtai supilkite mišinį į sultinį, nuolat maišydami šakute, kol kiaušiniai sustings ir suformuos juosteles. Įmaišykite petražoles ir nedelsdami patiekite.

Kiaušinių blyneliai sultinyje

Scripppelle 'mbusse

Padaro 6 porcijas

Scenarijusyra Abrucų tarmė, reiškianti blynelius arba blynelius. Tai tie patys blyneliai, aplieti sūriu, grybais ir pomidorų padažu<u>Abrucų krepas ir grybų timbale</u>receptas. Čia jie užpilami tarkuotu sūriu ir patiekiami sultinyje.

8 stiklinės naminės<u>Vištienos sultinys</u>arba pusės parduotuvėje pirkto sultinio ir pusės vandens mišinys

   12<u>Crepes</u>

½ puodelio šviežiai tarkuoto Parmigiano-Reggiano

2 šaukštai smulkiai pjaustytų šviežių itališkų plokščių petražolių

1. Jei reikia, išvirkite sultinį. Tada, jei reikia, pagaminkite blynelius. Kiekvieną blynelį pabarstykite sūriu ir petražolėmis. Susukite blynelius į vamzdelius. Paruošti 6 dubenėliai kaitintos sriubos. Į kiekvieną dubenį įdėkite 2 vamzdelius.

2. Jei jis nėra karštas, sultinį užvirinkite. Karštą sultinį užpilkite ant krepinių vamzdelių ir nedelsdami patiekite.

Manų kruopos sultinyje

Frittatine di Semola Brode

Padaro 6 porcijas

Per oficialią vakarienę prabangiame Niujorko italų restorane man teko pasikalbėti su savo draugu Tony Mazzola apie maistą, kuriuo mėgavomės augdami. Tonis papasakojo apie paprastą sriubą, kurią gamindavo jo mama Lidija, kilusi iš Sicilijos. Kai valgėme savo perlinę vištą ir rizotą su retais ir brangiais baltaisiais triufeliais su puikiais vynais, jis apibūdino šią guodžiančią sriubą su pikantiškomis manų kruopomis ir sūrio kruopomis vištienos sultinyje. Jo mama patiekdavo tik per Kalėdas ir Naujuosius metus, nes, pasak jos, jos paprastumas tau buvo naudingas po viso sotaus maisto, kurį valgai per šventes. Po kelių dienų nuostabus valgis buvo pamirštas, bet nekantravau paragauti Tony's sriubos. Tai receptas, kurį jis ir jo sesuo Emily sugebėjo atkurti.

Atkreipkite dėmesį, kad prieš kepdami keptuves, keptuvę labai švelniai aptepkite alyvuogių aliejumi. Nereikia naudoti daugiau. Šukuosenos paruduoja ir geriau išlaiko formą naudojant mažiau aliejaus.

6 stiklinės naminės Vištienos sultinys arba pusės parduotuvėje pirkto sultinio ir pusės vandens mišinys

2 1/2 stiklinės vandens

1 arbatinis šaukštelis druskos

1 puodelis smulkiai sumaltų manų kruopų

1 didelis kiaušinis, sumuštas

1 puodelis šviežiai tarkuoto Parmigiano-Reggiano

2 šaukštai kapotų šviežių plokščių petražolių

Šviežiai malti juodieji pipirai

Alyvuogių aliejus

1. Jei reikia, išvirkite sultinį. Tada vidutiniame puode ant vidutinės ugnies užvirinkite vandenį. Suplakite manų kruopas ir druską. Sumažinkite ugnį iki minimumo ir virkite maišydami, kol manų kruopos sutirštės, maždaug 2 minutes.

2. Puodas nukeliamas nuo ugnies. Įmuškite kiaušinį, sūrį, petražoles ir pipirus pagal skonį.

3. Išklokite dėklą plastikinės plėvelės gabalėliu. Manų kruopų mišinį nubraukite ant plastiko ir paskleiskite iki 1/2 colio storio.

Leiskite atvėsti iki kambario temperatūros, mažiausiai 30 minučių. Naudokite nedelsiant arba uždenkite plastikine plėvele ir šaldykite iki 24 valandų.

4. Prieš patiekdami sriubą, manų kruopų mišinį supjaustykite kąsnio dydžio gabalėliais. Didelę nepridegančią keptuvę aptepkite alyvuogių aliejumi ir įkaitinkite keptuvę ant vidutinės ugnies. Įpilkite tiek manų kruopų, kad patogiai tilptų viename sluoksnyje, nesusigrūdę. Kepkite iki auksinės rudos spalvos, maždaug 4–5 minutes. Apverskite gabalus ir apkepkite kitą pusę, dar apie 4–5 minutes. Išimkite gabalėlius į lėkštę. Uždenkite folija ir laikykite šiltai. Lygiai taip pat apkepinkite likusius manų kruopų gabalėlius.

5. Tuo tarpu užvirinkite sultinį. Manų kruopas padalinkite į 4 dubenėlius. Šaukštu ant sultinio. Patiekite iš karto.

DESERTAS

Vafliniai sausainiai

pica

Padaro apie 2 dešimtis

Daugelis šeimų Centrinėje ir Pietų Italijoje didžiuojasi savo picos lygintuvais – gražiai pagamintomis formomis, kurios tradiciškai naudojamos šiems gražiems vafliams gaminti. Kai kuriuose lygintuvuose yra įspausti pirminio savininko inicialai, o kiti turi siluetus, pavyzdžiui, pora skrudina vienas kitą su taure vyno. Anksčiau jie buvo tipiška vestuvių dovana.

Nors šie senamadiški lygintuvai žavūs, šiuolaikinėse krosnyse jie yra sunkūs ir neparankūs. Elektrinis picos presas, panašus į vaflinę, šiuos sausainius pagamina efektyviai ir greitai.

Šviežiai pagamintos picos yra lanksčios ir gali būti formuojamos į kūgį, vamzdelį ar puodelį. Juos galima užpildyti plakta grietinėle, ledais, cannoli kremu ar vaisiais. Jie greitai atvėsta ir traška, todėl formuodami juos turite dirbti greitai ir atsargiai. Žinoma, jie taip pat yra geri butai.

1 3/4 stiklinės nebalintų universalių miltų

1 arbatinis šaukštelis kepimo miltelių

Žiupsnelis druskos

3 dideli kiaušiniai

2/3 stiklinės cukraus

1 valgomasis šaukštas gryno vanilės ekstrakto

1 lazdelė (1/2 stiklinės) nesūdyto sviesto, ištirpinto ir atvėsinto

1. Įkaitinkite picos gaminimo aparatą pagal gamintojo instrukcijas. Dubenyje sumaišykite miltus, kepimo miltelius ir druską.

2. Dideliame dubenyje suplakite kiaušinius, cukrų ir vanilę elektriniu plaktuvu vidutiniu greičiu iki tirštos ir lengvos masės, maždaug 4 minutes. Įmuškite sviestą. Sumaišykite sausus ingredientus, kol jie susimaišys, maždaug 1 minutę.

3. Į kiekvienos picos formos centrą įdėkite apie 1 valgomąjį šaukštą tešlos. (Tikslus kiekis priklausys nuo skardos dizaino.) Uždarykite dangtį ir kepkite iki šviesiai auksinės spalvos. Tai priklausys nuo gamintojo ir nuo to, kiek laiko buvo kaitinama forma. Atidžiai patikrinkite po 30 sekundžių.

4. Kai picos taps auksinės spalvos, medine ar plastikine mentele išimkite jas iš formelių. Leiskite atvėsti ant grotelių. Arba, norėdami pagaminti sausainių puodelius, sulenkite kiekvieną

picą į plataus kavos ar deserto puodelio kreivę. Norėdami pagaminti kanapių lukštus, suformuokite juos aplink kanapių vamzdelius arba medinį kaištį.

5.Kai picos atvės ir bus traškios, laikykite jas hermetiškame inde, kol paruošite naudoti. Jie trunka keletą savaičių.

Parinktis: Anyžius: vanilę pakeiskite 1 šaukštu anyžių ekstrakto ir 1 šaukštu anyžių sėklų. Apelsinas arba citrina: Į kiaušinių mišinį įpilkite 1 valgomąjį šaukštą tarkuotos šviežios apelsino arba citrinos žievelės. Romas arba migdolai: vietoj vanilės įmaišykite 1 šaukštą romo arba migdolų ekstrakto. Riešutai: 1/4 puodelio riešutų, sumaltų į labai smulkius miltelius, sumaišykite su miltais.

Saldūs Ravioli

Ravioli Dolce

Padaro 2 tuzinus

Uogienė užpildo šiuos traškius desertinius raviolius. Tiks bet koks skonis, jei tik bus tirštos konsistencijos, kad išliktų vietoje ir kepant neišsiskverbtų iš tešlos. Tai buvo mano tėčio mėgstamiausias receptas, kurį jį ištobulino iš prisiminimų apie mamos gamintus sausainius.

1 3/4 stiklinės universalių miltų

1/2 stiklinės bulvių arba kukurūzų krakmolo

1/2 arbatinio šaukštelio druskos

1/2 stiklinės (1 pagaliukas) nesūdyto sviesto, kambario temperatūros

1/2 stiklinės cukraus

1 didelis kiaušinis

2 šaukštai romo arba brendžio

1 arbatinis šaukštelis nutarkuotos citrinos žievelės

1 arbatinis šaukštelis gryno vanilės ekstrakto

1 puodelis tirštos vyšnių, aviečių ar abrikosų uogienės

1. Dideliame dubenyje išsijokite miltus, krakmolą ir druską.

2. Dideliame dubenyje elektriniu plaktuvu išplakite sviestą ir cukrų iki šviesios ir purios masės, apie 2 minutes. Įmuškite kiaušinį, romą, žievelę ir vanilę. Mažu greičiu įmaišykite sausus ingredientus.

3. Padalinkite tešlą per pusę. Iš kiekvienos pusės suformuokite diską. Kiekvieną atskirai suvyniokite į plastiką ir šaldykite nuo 1 valandos iki nakties.

4. Įkaitinkite orkaitę iki 350° F. Sutepkite 2 dideles kepimo formas.

5. Tešlą iškočiokite iki 1/8 colio storio. Naudodami gofruotą tešlą arba makaronų pjaustyklę, supjaustykite tešlą į 2 colių kvadratus. Išdėstykite kvadratus maždaug 1 colio atstumu vienas nuo kito ant paruoštų kepimo skardų. Kiekvieno kvadrato centre dėkite po 1/2 arbatinio šaukštelio uogienės. (Nenaudokite daugiau uogienės, nes kepant įdaras išsiskirs.)

6. Likusią tešlą iškočiokite iki 1/8 colio storio. Supjaustykite tešlą į 2 colių kvadratus.

7. Uogienę uždenkite tešlos kvadratėliais. Aplink kraštus suspauskite šakute, kad užsandarintumėte įdarą.

8. Kepkite 16–18 minučių arba kol švelniai paruduos. Paruoškite 2 vielinius aušinimo stovus.

9. Perkelkite kepimo skardas ant grotelių. Leiskite sausainiams atvėsti ant kepimo skardos 5 minutes, tada perkelkite ant grotelių, kad visiškai atvėstų. Pabarstykite konditerių cukrumi. Laikyti hermetiškame inde iki 1 savaitės.

„Bjaurūs, bet geri" sausainiai

Brutti ma Buoni

Padaro 2 tuzinus

„Bjaurus, bet geras" yra šių Pjemonto sausainių pavadinimo prasmė. Pavadinimas tik iš dalies teisingas: slapukai nėra bjaurūs, bet geri. Jų gaminimo technika neįprasta. Sausainių tešla ruošiama puode prieš kepant.

3 dideli kiaušinių baltymai, kambario temperatūros

Žiupsnelis druskos

1 1/2 stiklinės cukraus

1 puodelis nesaldintos kakavos miltelių

1 1/4 stiklinės skrudintų, nuluptų ir stambiai pjaustytų lazdyno riešutų (žr. Kaip skrudinti ir valyti riešutus)

1. Įkaitinkite orkaitę iki 300°F. Riebalais ištepkite 2 dideles kepimo formas.

2. Dideliame dubenyje elektriniu plaktuvu vidutiniu greičiu išplakite kiaušinių baltymus ir druską iki putų. Padidinkite greitį

iki didelio ir palaipsniui įpilkite cukraus. Plakite, kol pakilus putoms susidarys minkštos smailės.

3. Mažu greičiu įmaišykite kakavą. Įmaišykite lazdyno riešutus.

4. Panardinkite mišinį į didelį, sunkų puodą. Virkite ant vidutinės ugnies, nuolat maišydami mediniu šaukštu, kol mišinys taps blizgus ir vientisas, apie 5 minutes. Būkite atsargūs, kad nesudegintumėte.

5. Karštą tešlą iškart šaukštais lašinkite ant paruoštų kepimo skardų. Kepkite 30 minučių arba kol sutvirtės ir šiek tiek įskils viršus.

6. Kol sausainiai dar karšti, plonais metaliniais mentele padėkite juos ant grotelių, kad atvėstų. Laikyti hermetiškame inde iki 2 savaičių.

Dvigubas šokoladinis riešutų biskvitas

Biscotti al Cioccolato

Padaro 4 tuzinus

Šie sotūs biscotti yra pripildyti šokolado, tiek lydyto, tiek stambaus. Italijoje jų nemačiau, bet jie panašūs į tai, ką esu ragavęs čia esančiuose kavos baruose.

2 1/2 stiklinės universalių miltų

2 arbatinius šaukštelius kepimo miltelių

1/2 arbatinio šaukštelio druskos

3 dideli kiaušiniai, kambario temperatūros

1 puodelis cukraus

1 arbatinis šaukštelis gryno vanilės ekstrakto

6 uncijos kartaus saldaus šokolado, ištirpinto ir atvėsinto

6 šaukštai (1/2 lazdelės plius 2 šaukštai) nesūdyto sviesto, ištirpinto ir atvėsinto

1 stiklinė graikinių riešutų, stambiai pjaustytų

1 puodelis šokolado drožlių

1. Orkaitės centre padėkite lentyną. Įkaitinkite orkaitę iki 300°F. Riebalais ir miltais ištepkite 2 dideles kepimo formas.

2. Dideliame dubenyje išsijokite miltus, kepimo miltelius ir druską.

3. Kiaušinius, cukrų ir vanilę dideliame dubenyje suplakite elektriniu plakikliu vidutiniu greičiu iki putų ir šviesių, maždaug 2 minutes. Įmaišykite šokoladą ir sviestą, kol susimaišys. Suberkite miltų mišinį ir maišykite iki vientisos masės, dar apie 1 minutę. Įmaišykite riešutus ir šokolado drožles.

4. Padalinkite tešlą per pusę. Sudrėkintomis rankomis ant paruoštos kepimo skardos suformuokite kiekvieną gabalėlį į 12 × 3 colių rąstą. Kepkite 35 minutes arba tol, kol rąstai sutvirtės paspaudę centre. Išimkite keptuvę iš orkaitės, bet neišjunkite ugnies. Leiskite atvėsti 10 minučių.

5. Stumkite rąstus ant pjaustymo lentos. Supjaustykite rąstus 1/2 colio storio griežinėliais. Riekeles paskleiskite ant kepimo skardos. Kepkite 10 minučių arba kol sausainiai lengvai apskrus.

6. Paruoškite 2 dideles aušinimo lentynas. Perkelkite kepimo skardas ant grotelių. Leiskite sausainiams atvėsti ant kepimo

skardos 5 minutes, tada padėkite ant grotelių, kad visiškai atvėstų. Laikyti hermetiškame inde iki 2 savaičių.

Šokoladiniai bučiniai

Baci di Cioccolato

Padaro 3 dešimtis

Romeo ir Džuljetos gimtinėje Veronoje populiarūs šokoladiniai ir vaniliniai „bučiniai", kur jie gaminami įvairiais deriniais.

1 2/3 stiklinės universalių miltų

1/3 puodelio nesaldintos olandiškos proceso kakavos miltelių, išsijotų

1/4 arbatinio šaukštelio druskos

1 puodelis (2 lazdelės) nesūdyto sviesto, kambario temperatūros

1/2 stiklinės konditerinio cukraus

1 arbatinis šaukštelis gryno vanilės ekstrakto

1/2 puodelio smulkiai pjaustytų skrudintų migdolų (žrKaip skrudinti ir valyti riešutus)

Užpildymas

2 uncijos pusiau saldaus arba tamsaus šokolado, supjaustyto

2 šaukštai nesūdyto sviesto

⅓ stiklinės migdolų, paskrudintų ir smulkiai pjaustytų

1. Dideliame dubenyje išsijokite miltus, kakavą ir druską.

2. Dideliame dubenyje elektriniu plaktuvu išplakite sviestą ir cukrų vidutiniu greičiu iki šviesios ir purios masės, apie 2 minutes. Įmuškite vanilę. Sumaišykite sausus ingredientus ir migdolus, kol jie susimaišys, dar apie 1 minutę. Uždenkite plastikine plėvele ir šaldykite šaldytuve 1 valandai iki nakties.

3. Įkaitinkite orkaitę iki 350 ° F. Paruoškite 2 neteptas kepimo skardas. Arbatinius šaukštelius tešlos iškočiokite į 3/4 colio rutuliukus. Sudėkite rutuliukus 1 colio atstumu vienas nuo kito ant kepimo skardos. Paspauskite rutuliukus pirštais, kad šiek tiek suplotų. Kepkite sausainius, kol sutvirtės, bet neapskrus, 10–12 minučių. Paruoškite 2 dideles aušinimo lentynas.

4. Perkelkite kepimo skardas ant grotelių. Leiskite sausainiams atvėsti ant kepimo skardos 5 minutes, tada padėkite ant grotelių, kad visiškai atvėstų.

5. Įkaitinkite apie 2 colius vandens dvigubo katilo arba nedidelio puodo dugne. Šokoladą ir sviestą sudėkite į dvigubo katilo viršų arba į nedidelį karščiui atsparų dubenį, kuris patogiai telpa ant puodo. Padėkite dubenį virš verdančio vandens. Palikite

neuždengtą, kol šokoladas suminkštės. Ištrinkite iki vientisos masės. Įmaišykite migdolus.

6. Nedidelį kiekį įdaro mišinio užtepkite ant vieno sausainio dugno. Kitą sausainį apačia žemyn uždėkite ant įdaro ir švelniai suspauskite. Sausainius dėkite ant grotelių, kol įdaras sukietės. Pakartokite su likusiais sausainiais ir įdaru. Laikyti sandariame inde šaldytuve iki 1 savaitės.

Šokoladas be kepimo "Salame"

Salami del Cioccolato

Padaro 32 sausainius

Traškūs, nekepami šokoladiniai riešutų griežinėliai yra Pjemonto ypatybė. Jei norite, amaretti galite pakeisti kitais sausainiais, pavyzdžiui, vaniliniais ar šokoladiniais vafliais, graham krekeriais ar trapiais sausainiais. Juos geriausia pasigaminti prieš kelias dienas, kad skoniai susimaišytų. Jei nenorite naudoti likerio, pakeiskite jį šaukštu apelsinų sulčių.

18 amaretti sausainių

1/3 stiklinės cukraus

1/3 stiklinės nesaldintos kakavos miltelių

1/2 stiklinės (1 pagaliukas) nesūdyto sviesto, suminkštinto

1 valgomasis šaukštas grapos arba romo

1/3 puodelio kapotų graikinių riešutų

1. Sudėkite sausainius į plastikinį maišelį. Sausainius sutrupinkite kočėlu ar sunkiu daiktu. Turėtų būti apie 3/4 stiklinės trupinių.

2. Sudėkite trupinius į didelį dubenį. Mediniu šaukštu įmaišykite cukrų ir kakavą. Sudėkite sviestą ir grapą. Maišykite, kol sausi ingredientai sudrėkins ir susimaišys. Įmaišykite graikinius riešutus.

3. Ant lygaus paviršiaus uždėkite 14 colių plastikinės plėvelės lakštą. Tešlos mišinį supilkite ant plastikinės plėvelės. Iš tešlos suformuokite 8 × 21/2 colio rąstą. Apvyniokite rąstą plastikine plėvele, užtraukite galus, kad jis visiškai uždengtų. Rąstą laikykite šaldytuve mažiausiai 24 valandas ir iki 3 dienų.

4. Rąstą supjaustykite 1/4 colio storio griežinėliais. Patiekite atšaldytą. Sausainius laikykite sandariame plastikiniame inde šaldytuve iki 2 savaičių.

Prato sausainiai

Biscotti di Prato

Padaro apie 4 1/2 tuziną

Prato mieste, Toskanoje, tai yra klasikiniai biscotti, kuriuos galima pamirkyti į vin santo – puikų regiono desertinį vyną. Valgant paprastus, jie yra gana sausi, todėl pasirūpinkite gėrimu, kad juos nuplautumėte.

2 1/2 stiklinės universalių miltų

1 1/2 arbatinių šaukštelių kepimo miltelių

1 arbatinis šaukštelis druskos

4 dideli kiaušiniai

3/4 stiklinės cukraus

1 arbatinis šaukštelis nutarkuotos citrinos žievelės

1 arbatinis šaukštelis tarkuotos apelsino žievelės

1 arbatinis šaukštelis gryno vanilės ekstrakto

1 puodelis skrudintų migdolų (žrKaip skrudinti ir valyti riešutus)

1. Orkaitės centre padėkite lentyną. Įkaitinkite orkaitę iki 325 ° F. Didelę kepimo formą ištepkite riebalais ir miltais.

2. Vidutiniame dubenyje išsijokite miltus, kepimo miltelius ir druską.

3. Dideliame dubenyje elektriniu plaktuvu vidutiniu greičiu išplakite kiaušinius ir cukrų iki šviesios ir purios masės, apie 3 minutes. Įmuškite citrinos ir apelsino žieveles bei vanilę. Mažu greičiu įmaišykite sausus ingredientus, tada įmaišykite migdolus.

4. Lengvai sušlapinkite rankas. Iš tešlos suformuokite du 14 × 2 colių rąstus. Padėkite rąstus ant paruoštos kepimo skardos kelių colių atstumu vienas nuo kito. Kepkite 30 minučių arba kol taps tvirti ir auksinės spalvos.

5. Išimkite kepimo skardą iš orkaitės ir sumažinkite orkaitės kaitrą iki 300° F. Leiskite rąstams atvėsti ant kepimo skardos 20 minučių.

6. Stumkite rąstus ant pjaustymo lentos. Dideliu sunkiu šefo peiliu supjaustykite rąstus įstrižai 1/2 colio storio griežinėliais. Riekeles paskleiskite ant kepimo skardos. Kepkite 20 minučių arba iki švelniai auksinės spalvos.

7. Perkelkite sausainius ant grotelių, kad atvėstų. Laikyti hermetiškame inde.

Umbrijos vaisių ir riešutų biscotti

Toceti

Sudaro 80

Pagaminti be riebalų, šie sausainiai ilgai išsilaiko sandariame inde. Skonis tikrai pagerėja, todėl planuokite juos gaminti kelias dienas prieš patiekiant.

3 puodeliai universalių miltų

1/2 stiklinės kukurūzų krakmolo

2 arbatinius šaukštelius kepimo miltelių

3 dideli kiaušiniai

3 kiaušinių tryniai

2 šaukštai Marsala, vin santo arba šerio

1 puodelis cukraus

1 puodelis razinų

1 puodelis migdolų

1/4 puodelio susmulkintų cukruotų apelsinų žievelių

¼ puodelio susmulkintos cukruotos citrinos

1 arbatinis šaukštelis anyžių sėklų

1. Įkaitinkite orkaitę iki 350° F. Sutepkite 2 dideles kepimo formas.

2. Vidutiniame dubenyje išsijokite miltus, kukurūzų krakmolą ir kepimo miltelius.

3. Dideliame dubenyje elektriniu plaktuvu išplakame kiaušinius, trynius ir Marsalą. Įpilkite cukraus ir plakite, kol gerai susimaišys, maždaug 3 minutes. Sumaišykite sausus ingredientus, razinas, migdolus, žievelę, citriną ir anyžius, kol susimaišys. Tešla bus kieta. Jei reikia, išverskite tešlą ant stalo ir minkykite iki vientisos masės.

4. Padalinkite tešlą į ketvirčius. Sudrėkinkite rankas vėsiu vandeniu ir kiekvieną ketvirtį suformuokite į 10 colių rąstą. Padėkite rąstus 2 colių atstumu vienas nuo kito ant paruoštų kepimo skardų.

5. Kepkite rąstus 20 minučių arba tol, kol paspaudę centre jie taps tvirti, o kraštai taps auksinės spalvos. Išimkite rąstus iš orkaitės, bet palikite orkaitę įjungtą. Palikite rąstus 5 minutes atvėsti ant kepimo skardos.

6. Stumkite rąstus ant pjaustymo lentos. Dideliu šefo peiliu supjaustykite juos 1/2 colio storio griežinėliais. Sudėkite riekeles ant kepimo skardos ir kepkite 10 minučių arba kol lengvai apskrus.

7. Paruoškite 2 dideles aušinimo lentynas. Perkelkite slapukus į lentynas. Leiskite visiškai atvėsti. Laikyti hermetiškame inde iki 2 savaičių.

Sviesto žiedai

Bussola

Sudaro 36

Šiuos venecijietiškus sausainius lengva pasigaminti ir jais smagu mėgautis namuose pietų metu arba svečiams užsukant.

1 puodelis cukraus

½ stiklinės (1 pagaliukas) nesūdyto sviesto, kambario temperatūros

3 dideli kiaušinių tryniai

1 arbatinis šaukštelis nutarkuotos citrinos žievelės

1 arbatinis šaukštelis tarkuotos apelsino žievelės

1 arbatinis šaukštelis gryno vanilės ekstrakto

2 puodeliai universalių miltų

½ arbatinio šaukštelio druskos

1 kiaušinio baltymas, išplaktas iki putų

1. Atidėkite 1/3 stiklinės cukraus.

2. Dideliame elektrinio plaktuvo dubenyje vidutiniu greičiu išplakite sviestą su likusiais 2/3 puodelio cukraus iki šviesios ir purios masės, maždaug 2 minutes. Po vieną įmuškite kiaušinių trynius. Įpilkite citrinos ir apelsino žievelės bei vanilės ekstrakto ir plakite, nubraukdami dubenėlio šonus, iki vientisos masės, dar maždaug 2 minutes.

3. Įmaišykite miltus ir druską, kol gerai susimaišys. Iš tešlos suformuokite rutulį. Apvyniokite plastikine plėvele ir šaldykite nuo 1 valandos iki nakties.

4. Įkaitinkite orkaitę iki 325° F. Sutepkite 2 dideles kepimo formas. Tešla supjaustoma į 6 dalis. Kiekvieną gabalėlį vėl padalinkite į 6 dalis. Kiekvieną gabalėlį susukite į 4 colių virvę, padarykite žiedą ir suimkite galus, kad užsandarintumėte. Ant paruoštų kepimo skardų sudėkite žiedus 1 colio atstumu vienas nuo kito. Lengvai aptepkite kiaušinio plakiniu ir pabarstykite rezervuotu 1/3 stiklinės cukraus.

5. Kepkite 15 minučių arba iki šviesiai rudos spalvos. Paruoškite 2 vielinius aušinimo stovus.

6. Perkelkite kepimo skardas ant grotelių. Leiskite sausainiams atvėsti ant kepimo skardos 5 minutes, tada perkelkite ant

grotelių, kad visiškai atvėstų. Laikyti hermetiškame inde iki 2 savaičių.

Citrininiai mazgai

Tarralucci

Sudaro 40

Kiekviena itališka kepykla Brukline, Niujorke, gamino šiuos gaivius sicilietiškus citrininius sausainius, kai aš augau. Mėgstu juos patiekti su šalta arbata.

Jei oras karštas ir drėgnas, glajus gali nesustingti kambario temperatūroje. Tokiu atveju sausainius laikykite šaldytuve.

4 puodeliai universalių miltų

4 arbatinius šaukštelius kepimo miltelių

1 puodelis cukraus

½ stiklinės kieto daržovių patrumpinimo

3 dideli kiaušiniai

½ stiklinės pieno

2 šaukštai citrinos sulčių

2 arbatinius šaukštelius nutarkuotos citrinos žievelės

Apledėjimas

1 1/2 stiklinės konditerinio cukraus

1 valgomasis šaukštas šviežiai spaustų citrinos sulčių

2 arbatinius šaukštelius nutarkuotos citrinos žievelės

Pienas

1. Miltus ir kepimo miltelius išsijokite kartu ant vaško popieriaus gabalo.

2. Dideliame dubenyje elektriniu plaktuvu išplakite cukrų vidutiniu greičiu iki šviesios ir purios masės, maždaug 2 minutes. Po vieną įmuškite kiaušinius, kol gerai susimaišys. Įmaišykite pieną, citrinos sultis ir žievelę. Nubraukite dubens šonus. Sumaišykite sausus ingredientus iki vientisos masės, maždaug 2 minutes. Uždenkite plastikine plėvele ir atvėsinkite mažiausiai 1 valandą.

3. Įkaitinkite orkaitę iki 350 ° F. Paruoškite 2 dideles kepimo formas. Iškočiokite golfo kamuoliuko dydžio tešlos gabalą. Švelniai iškočiokite tešlą į 6 colių virvę. Suriškite virvę į mazgą. Padėkite rinkinį ant neteptos kepimo skardos. Toliau kurkite mazgus ir padėkite juos maždaug 1 colio atstumu vienas nuo kito ant lakštų.

4. Kepkite sausainius 12 minučių arba tol, kol jie tvirtai priglus prie viršaus, bet neparus. Paruoškite 2 vielinius aušinimo stovus.

5. Perkelkite kepimo skardas ant grotelių. Leiskite sausainiams atvėsti ant kepimo skardos 5 minutes, tada perkelkite ant grotelių, kad visiškai atvėstų.

6. Dideliame dubenyje sumaišykite konditerių cukrų, citrinos sultis ir žievelę. Supilkite pieną po 1 arbatinį šaukštelį ir maišykite, kol susidarys plonas riebios grietinėlės konsistencijos glajus.

7. Sausainių viršūnes pamerkite į glajų. Padėkite juos ant grotelių, kol sustings glazūra. Laikyti sandariuose induose iki 3 dienų.

Prieskonių sausainiai

Bicciolani

Pagaminta 75 m

Turino kavinėse galite užsisakyti barbajados, kuri yra pusė kavos ir pusė karšto šokolado. Puikiai tiktų su šiais plonais, sviestiniais prieskoniais pagardintais sausainiais.

1 puodelis (2 lazdelės) nesūdyto sviesto, kambario temperatūros

1 puodelis cukraus

1 kiaušinio trynys

2 puodeliai universalių miltų

½ arbatinio šaukštelio druskos

1 arbatinis šaukštelis malto cinamono

⅛ arbatinių šaukštelių šviežiai tarkuoto muskato riešuto

⅛ arbatinio šaukštelio maltų gvazdikėlių

1. Įkaitinkite orkaitę iki 350 ° F. Sutepkite 15 x 10 x 1 colio želė suktinuką.

2. Dubenyje sumaišykite miltus, druską ir prieskonius.

3. Didelio elektrinio plaktuvo dubenyje vidutiniu greičiu išplakite sviestą, cukrų ir kiaušinių trynius iki šviesios ir purios masės, maždaug 2 minutes. Sumažinkite greitį iki mažo ir sumaišykite su sausais ingredientais, kol visiškai susimaišys, dar apie 2 minutes.

4. Tešlą sutrupinkite į paruoštą skardą. Tvirtai rankomis suspauskite tešlą į lygų sluoksnį. Šakute padarykite negilius įdubimus tešlos viršuje.

5. Kepkite nuo 25 iki 30 minučių arba kol švelniai apskrus. Perkelkite keptuvę ant vielinio aušinimo stovo. Atvėsinkite 10 minučių. Tada supjaustykite tešlą į 2 × 1 colio sausainius.

6. Visiškai atvėsinkite keptuvėje. Laikyti kambario temperatūroje hermetiškame inde iki 2 savaičių.

Vafliniai sausainiai

pica

Padaro apie 2 dešimtis

Daugelis šeimų Centrinėje ir Pietų Italijoje didžiuojasi savo picos lygintuvais – gražiai pagamintomis formomis, kurios tradiciškai naudojamos šiems gražiems vafliams gaminti. Kai kuriuose lygintuvuose yra įspausti pirminio savininko inicialai, o kiti turi siluetus, pavyzdžiui, pora skrudina vienas kitą su taure vyno. Anksčiau jie buvo tipiška vestuvių dovana.

Nors šie senamadiški lygintuvai žavūs, šiuolaikinėse krosnyse jie yra sunkūs ir neparankūs. Elektrinis picos presas, panašus į vaflinę, šiuos sausainius pagamina efektyviai ir greitai.

Šviežiai pagamintos picos yra lanksčios ir gali būti formuojamos į kūgį, vamzdelį ar puodelį. Juos galima užpildyti plakta grietinėle, ledais, cannoli kremu ar vaisiais. Jie greitai atvėsta ir traška, todėl formuodami juos turite dirbti greitai ir atsargiai. Žinoma, jie taip pat yra geri butai.

13/4 stiklinės nebalintų universalių miltų

1 arbatinis šaukštelis kepimo miltelių

Žiupsnelis druskos

3 dideli kiaušiniai

2/3 stiklinės cukraus

1 valgomasis šaukštas gryno vanilės ekstrakto

1 lazdelė (1/2 stiklinės) nesūdyto sviesto, ištirpinto ir atvėsinto

1. Įkaitinkite picos gaminimo aparatą pagal gamintojo instrukcijas. Dubenyje sumaišykite miltus, kepimo miltelius ir druską.

2. Dideliame dubenyje suplakite kiaušinius, cukrų ir vanilę elektriniu plaktuvu vidutiniu greičiu iki tirštos ir lengvos masės, maždaug 4 minutes. Įmuškite sviestą. Sumaišykite sausus ingredientus, kol jie susimaišys, maždaug 1 minutę.

3. Į kiekvienos picos formos centrą įdėkite apie 1 valgomąjį šaukštą tešlos. (Tikslus kiekis priklausys nuo skardos dizaino.) Uždarykite dangtį ir kepkite iki šviesiai auksinės spalvos. Tai priklausys nuo gamintojo ir nuo to, kiek laiko buvo kaitinama forma. Atidžiai patikrinkite po 30 sekundžių.

4. Kai picos taps auksinės spalvos, medine ar plastikine mentele išimkite jas iš formelių. Leiskite atvėsti ant grotelių. Arba, norėdami pagaminti sausainių puodelius, sulenkite kiekvieną

picą į plataus kavos ar deserto puodelio kreivę. Norėdami pagaminti kanapių lukštus, suformuokite juos aplink kanapių vamzdelius arba medinį kaištį.

5.Kai picos atvės ir bus traškios, laikykite jas hermetiškame inde, kol paruošite naudoti. Jie trunka keletą savaičių.

Parinktis: Anyžius: vanilę pakeiskite 1 šaukštu anyžių ekstrakto ir 1 šaukštu anyžių sėklų. Apelsinas arba citrina: Į kiaušinių mišinį įpilkite 1 valgomąjį šaukštą tarkuotos šviežios apelsino arba citrinos žievelės. Romas arba migdolai: vietoj vanilės įmaišykite 1 šaukštą romo arba migdolų ekstrakto. Riešutai: 1/4 puodelio riešutų, sumaltų į labai smulkius miltelius, sumaišykite su miltais.

Saldūs Ravioli

Ravioli Dolce

Padaro 2 tuzinus

Uogienė užpildo šiuos traškius desertinius raviolius. Tiks bet koks skonis, jei tik bus tirštos konsistencijos, kad išliktų vietoje ir kepant neišsiskverbtų iš tešlos. Tai buvo mano tėčio mėgstamiausias receptas, kuris jį ištobulino iš prisiminimų apie mamos gamintus sausainius.

1 3/4 stiklinės universalių miltų

1/2 stiklinės bulvių arba kukurūzų krakmolo

1/2 arbatinio šaukštelio druskos

1/2 stiklinės (1 pagaliukas) nesūdyto sviesto, kambario temperatūros

1/2 stiklinės cukraus

1 didelis kiaušinis

2 šaukštai romo arba brendžio

1 arbatinis šaukštelis nutarkuotos citrinos žievelės

1 arbatinis šaukštelis gryno vanilės ekstrakto

1 puodelis tirštos vyšnių, aviečių ar abrikosų uogienės

1. Dideliame dubenyje išsijokite miltus, krakmolą ir druską.

2. Dideliame dubenyje elektriniu plaktuvu išplakite sviestą ir cukrų iki šviesios ir purios masės, apie 2 minutes. Įmuškite kiaušinį, romą, žievelę ir vanilę. Mažu greičiu įmaišykite sausus ingredientus.

3. Padalinkite tešlą per pusę. Iš kiekvienos pusės suformuokite diską. Kiekvieną atskirai suvyniokite į plastiką ir šaldykite nuo 1 valandos iki nakties.

4. Įkaitinkite orkaitę iki 350° F. Sutepkite 2 dideles kepimo formas.

5. Tešlą iškočiokite iki 1/8 colio storio. Naudodami gofruotą tešlą arba makaronų pjaustyklę, supjaustykite tešlą į 2 colių kvadratus. Išdėstykite kvadratus maždaug 1 colio atstumu vienas nuo kito ant paruoštų kepimo skardų. Kiekvieno kvadrato centre dėkite po 1/2 arbatinio šaukštelio uogienės. (Nenaudokite daugiau uogienės, nes kepant įdaras išsiskirs.)

6. Likusią tešlą iškočiokite iki 1/8 colio storio. Supjaustykite tešlą į 2 colių kvadratus.

7. Uogienę uždenkite tešlos kvadratėliais. Aplink kraštus suspauskite šakute, kad užsandarintumėte įdarą.

8. Kepkite 16–18 minučių arba kol švelniai paruduos. Paruoškite 2 vielinius aušinimo stovus.

9. Perkelkite kepimo skardas ant grotelių. Leiskite sausainiams atvėsti ant kepimo skardos 5 minutes, tada perkelkite ant grotelių, kad visiškai atvėstų. Pabarstykite konditerių cukrumi. Laikyti hermetiškame inde iki 1 savaitės.

„Bjaurūs, bet geri" sausainiai

Brutti ma Buoni

Padaro 2 tuzinus

„Bjaurus, bet geras" yra šių Pjemonto sausainių pavadinimo prasmė. Pavadinimas tik iš dalies teisingas: slapukai nėra bjaurūs, bet geri. Jų gaminimo technika neįprasta. Sausainių tešla ruošiama puode prieš kepant.

3 dideli kiaušinių baltymai, kambario temperatūros

Žiupsnelis druskos

1 1/2 stiklinės cukraus

1 puodelis nesaldintos kakavos miltelių

1 1/4 stiklinės skrudintų, nuluptų ir stambiai pjaustytų lazdyno riešutų (žr. Kaip skrudinti ir valyti riešutus)

1. Įkaitinkite orkaitę iki 300°F. Riebalais ištepkite 2 dideles kepimo formas.

2. Dideliame dubenyje elektriniu plaktuvu vidutiniu greičiu išplakite kiaušinių baltymus ir druską iki putų. Padidinkite greitį

iki didelio ir palaipsniui įpilkite cukraus. Plakite, kol pakilus putoms susidarys minkštos smailės.

3. Mažu greičiu įmaišykite kakavą. Įmaišykite lazdyno riešutus.

4. Panardinkite mišinį į didelį, sunkų puodą. Virkite ant vidutinės ugnies, nuolat maišydami mediniu šaukštu, kol mišinys taps blizgus ir vientisas, apie 5 minutes. Būkite atsargūs, kad nesudegintumėte.

5. Karštą tešlą iškart šaukštais lašinkite ant paruoštų kepimo skardų. Kepkite 30 minučių arba kol sutvirtės ir šiek tiek įskils viršus.

6. Kol sausainiai dar karšti, plonais metaliniais mentele padėkite juos ant grotelių, kad atvėstų. Laikyti hermetiškame inde iki 2 savaičių.

Uogienės vietos

Biscotti di Marmellata

Sudaro 40

Šokoladas, riešutai ir uogienė yra puikus šių skanių sausainių derinys. Jie visada yra kalėdinių sausainių padėklo hitas.

¾ puodelio (1½ lazdelių) nesūdyto sviesto, kambario temperatūros

½ stiklinės cukraus

½ arbatinio šaukštelio druskos

3 uncijos kartaus saldaus šokolado, ištirpinto ir atvėsinto

2 puodeliai universalių miltų

¾ puodelio smulkiai pjaustytų migdolų

½ puodelio tirštos besėklių aviečių uogienės

1. Įkaitinkite orkaitę iki 350° F. Sutepkite 2 dideles kepimo formas.

2. Dideliame dubenyje elektriniu plaktuvu vidutiniu greičiu išplakite sviestą, cukrų ir druską iki šviesios ir purios masės, maždaug 2 minutes. Įpilkite ištirpintą šokoladą ir plakite, kol

gerai susimaišys, nubraukdami dubens šonus. Miltus sumaišykite iki vientisos masės.

3. Riešutus sudėkite į negilų dubenį. Iš tešlos suformuokite 1 colio rutuliukus. Rutuliukus apvoliokite riešutuose, lengvai paspausdami, kad priliptų. Ant paruoštų kepimo skardų dėkite rutuliukus maždaug 1 1/2 colių atstumu vienas nuo kito.

4. Medinio šaukšto kotelio galu įkiškite gilią skylutę kiekviename tešlos rutulyje ir suformuokite tešlą aplink rankeną, kad išliktų apvali forma. Į kiekvieną sausainį įdėkite apie 1/4 arbatinio šaukštelio uogienės. (Daugiau uogienės nepilkite, nes ji gali ištirpti ir ištekėti sausainiams kepant.)

5. Kepkite sausainius 18–20 minučių arba tol, kol uogienė pradės burbuliuoti, o sausainiai lengvai paruduos. Paruoškite 2 vielinius aušinimo stovus.

6. Perkelkite kepimo skardas ant grotelių. Leiskite sausainiams atvėsti ant kepimo skardos 5 minutes, tada perkelkite ant grotelių, kad visiškai atvėstų. Laikyti hermetiškame inde iki 2 savaičių.

Dvigubas šokoladinis riešutų biskvitas

Biscotti al Cioccolato

Padaro 4 tuzinus

Šie sotūs biscotti yra pripildyti šokolado, tiek lydyto, tiek stambaus. Italijoje jų nemačiau, bet jie panašūs į tai, ką esu ragavęs čia esančiuose kavos baruose.

2 1/2 stiklinės universalių miltų

2 arbatinius šaukštelius kepimo miltelių

1/2 arbatinio šaukštelio druskos

3 dideli kiaušiniai, kambario temperatūros

1 puodelis cukraus

1 arbatinis šaukštelis gryno vanilės ekstrakto

6 uncijos kartaus saldaus šokolado, ištirpinto ir atvėsinto

6 šaukštai (1/2 lazdelės plius 2 šaukštai) nesūdyto sviesto, ištirpinto ir atvėsinto

1 stiklinė graikinių riešutų, stambiai pjaustytų

1 puodelis šokolado drožlių

1. Orkaitės centre padėkite lentyną. Įkaitinkite orkaitę iki 300°F. Riebalais ir miltais ištepkite 2 dideles kepimo formas.

2. Dideliame dubenyje išsijokite miltus, kepimo miltelius ir druską.

3. Kiaušinius, cukrų ir vanilę dideliame dubenyje suplakite elektriniu plakikliu vidutiniu greičiu iki putų ir šviesių, maždaug 2 minutes. Įmaišykite šokoladą ir sviestą, kol susimaišys. Suberkite miltų mišinį ir maišykite iki vientisos masės, dar apie 1 minutę. Įmaišykite riešutus ir šokolado drožles.

4. Padalinkite tešlą per pusę. Sudrėkintomis rankomis ant paruoštos kepimo skardos suformuokite kiekvieną gabalėlį į 12 × 3 colių rąstą. Kepkite 35 minutes arba tol, kol rąstai sutvirtės paspaudę centre. Išimkite keptuvę iš orkaitės, bet neišjunkite ugnies. Leiskite atvėsti 10 minučių.

5. Stumkite rąstus ant pjaustymo lentos. Supjaustykite rąstus 1/2 colio storio griežinėliais. Riekeles paskleiskite ant kepimo skardos. Kepkite 10 minučių arba kol sausainiai lengvai apskrus.

6. Paruoškite 2 dideles aušinimo lentynas. Perkelkite kepimo skardas ant grotelių. Leiskite sausainiams atvėsti ant kepimo

skardos 5 minutes, tada padėkite ant grotelių, kad visiškai atvėstų. Laikyti hermetiškame inde iki 2 savaičių.

Šokoladiniai bučiniai

Baci di Cioccolato

Padaro 3 dešimtis

Romeo ir Džuljetos gimtinėje Veronoje populiarūs šokoladiniai ir vaniliniai „bučiniai", kur jie gaminami įvairiais deriniais.

12/3 stiklinės universalių miltų

1/3 puodelio nesaldintos olandiškos proceso kakavos miltelių, išsijotų

1/4 arbatinio šaukštelio druskos

1 puodelis (2 lazdelės) nesūdyto sviesto, kambario temperatūros

1/2 stiklinės konditerinio cukraus

1 arbatinis šaukštelis gryno vanilės ekstrakto

1/2 puodelio smulkiai pjaustytų skrudintų migdolų (žrKaip skrudinti ir valyti riešutus)

Užpildymas

2 uncijos pusiau saldaus arba tamsaus šokolado, supjaustyto

2 šaukštai nesūdyto sviesto

⅓ stiklinės migdolų, paskrudintų ir smulkiai pjaustytų

1. Dideliame dubenyje išsijokite miltus, kakavą ir druską.

2. Dideliame dubenyje elektriniu plaktuvu išplakite sviestą ir cukrų vidutiniu greičiu iki šviesios ir purios masės, apie 2 minutes. Įmuškite vanilę. Sumaišykite sausus ingredientus ir migdolus, kol jie susimaišys, dar apie 1 minutę. Uždenkite plastikine plėvele ir šaldykite šaldytuve 1 valandai iki nakties.

3. Įkaitinkite orkaitę iki 350 ° F. Paruoškite 2 neteptas kepimo skardas. Arbatinius šaukštelius tešlos iškočiokite į 3/4 colio rutuliukus. Sudėkite rutuliukus 1 colio atstumu vienas nuo kito ant kepimo skardos. Paspauskite rutuliukus pirštais, kad šiek tiek suplotų. Kepkite sausainius, kol sutvirtės, bet neapskrus, 10–12 minučių. Paruoškite 2 dideles aušinimo lentynas.

4. Perkelkite kepimo skardas ant grotelių. Leiskite sausainiams atvėsti ant kepimo skardos 5 minutes, tada padėkite ant grotelių, kad visiškai atvėstų.

5. Įkaitinkite apie 2 colius vandens dvigubo katilo arba nedidelio puodo dugne. Šokoladą ir sviestą sudėkite į dvigubo katilo viršų arba į nedidelį karščiui atsparų dubenį, kuris patogiai telpa ant puodo. Padėkite dubenį virš verdančio vandens. Palikite

neuždengtą, kol šokoladas suminkštės. Ištrinkite iki vientisos masės. Įmaišykite migdolus.

6. Nedidelį kiekį įdaro mišinio užtepkite ant vieno sausainio dugno. Kitą sausainį apačia žemyn uždėkite ant įdaro ir švelniai suspauskite. Sausainius dėkite ant grotelių, kol įdaras sukietės. Pakartokite su likusiais sausainiais ir įdaru. Laikyti sandariame inde šaldytuve iki 1 savaitės.

Šokoladas be kepimo "Salame"

Salami del Cioccolato

Padaro 32 sausainius

Traškūs, nekepami šokoladiniai riešutų griežinėliai yra Pjemonto ypatybė. Jei norite, amaretti galite pakeisti kitais sausainiais, pavyzdžiui, vaniliniais ar šokoladiniais vafliais, graham krekeriais ar trapiais sausainiais. Juos geriausia pasigaminti prieš kelias dienas, kad skoniai susimaišytų. Jei nenorite naudoti likerio, pakeiskite jį šaukštu apelsinų sulčių.

18 amaretti sausainių

⅓ stiklinės cukraus

⅓ stiklinės nesaldintos kakavos miltelių

½ stiklinės (1 pagaliukas) nesūdyto sviesto, suminkštinto

1 valgomasis šaukštas grapos arba romo

⅓ puodelio kapotų graikinių riešutų

1. Sudėkite sausainius į plastikinį maišelį. Sausainius sutrupinkite kočėlu ar sunkiu daiktu. Turėtų būti apie 3/4 stiklinės trupinių.

2. Sudėkite trupinius į didelį dubenį. Mediniu šaukštu įmaišykite cukrų ir kakavą. Sudėkite sviestą ir grapą. Maišykite, kol sausi ingredientai sudrėkins ir susimaišys. Įmaišykite graikinius riešutus.

3. Ant lygaus paviršiaus uždėkite 14 colių plastikinės plėvelės lakštą. Tešlos mišinį supilkite ant plastikinės plėvelės. Iš tešlos suformuokite 8 × 21/2 colio rąstą. Apvyniokite rąstą plastikine plėvele, užtraukite galus, kad jis visiškai uždengtų. Rąstą laikykite šaldytuve mažiausiai 24 valandas ir iki 3 dienų.

4. Rąstą supjaustykite 1/4 colio storio griežinėliais. Patiekite atšaldytą. Sausainius laikykite sandariame plastikiniame inde šaldytuve iki 2 savaičių.

Prato sausainiai

Biscotti di Prato

Padaro apie 4 1/2 tuziną

Prato mieste, Toskanoje, tai yra klasikiniai biscotti, kuriuos galima pamirkyti į vin santo – puikų regiono desertinį vyną. Valgant paprastus, jie yra gana sausi, todėl pasirūpinkite gėrimu, kad juos nuplautumėte.

2 1/2 stiklinės universalių miltų

1 1/2 arbatinių šaukštelių kepimo miltelių

1 arbatinis šaukštelis druskos

4 dideli kiaušiniai

3/4 stiklinės cukraus

1 arbatinis šaukštelis nutarkuotos citrinos žievelės

1 arbatinis šaukštelis tarkuotos apelsino žievelės

1 arbatinis šaukštelis gryno vanilės ekstrakto

1 puodelis skrudintų migdolų (žr Kaip skrudinti ir valyti riešutus)

1. Orkaitės centre padėkite lentyną. Įkaitinkite orkaitę iki 325 ° F. Didelę kepimo formą ištepkite riebalais ir miltais.

2. Vidutiniame dubenyje išsijokite miltus, kepimo miltelius ir druską.

3. Dideliame dubenyje elektriniu plaktuvu vidutiniu greičiu išplakite kiaušinius ir cukrų iki šviesios ir purios masės, apie 3 minutes. Įmuškite citrinos ir apelsino žieveles bei vanilę. Mažu greičiu įmaišykite sausus ingredientus, tada įmaišykite migdolus.

4. Lengvai sušlapinkite rankas. Iš tešlos suformuokite du 14 × 2 colių rąstus. Padėkite rąstus ant paruoštos kepimo skardos kelių colių atstumu vienas nuo kito. Kepkite 30 minučių arba kol taps tvirti ir auksinės spalvos.

5. Išimkite kepimo skardą iš orkaitės ir sumažinkite orkaitės kaitrą iki 300° F. Leiskite rąstams atvėsti ant kepimo skardos 20 minučių.

6. Stumkite rąstus ant pjaustymo lentos. Dideliu sunkiu šefo peiliu supjaustykite rąstus įstrižai 1/2 colio storio griežinėliais. Riekeles paskleiskite ant kepimo skardos. Kepkite 20 minučių arba iki švelniai auksinės spalvos.

7. Perkelkite sausainius ant grotelių, kad atvėstų. Laikyti hermetiškame inde.

Umbrijos vaisių ir riešutų biscotti

Toceti

Sudaro 80

Pagaminti be riebalų, šie sausainiai ilgai išsilaiko sandariame inde. Skonis tikrai pagerėja, todėl planuokite juos gaminti kelias dienas prieš patiekiant.

3 puodeliai universalių miltų

1/2 stiklinės kukurūzų krakmolo

2 arbatinius šaukštelius kepimo miltelių

3 dideli kiaušiniai

3 kiaušinių tryniai

2 šaukštai Marsala, vin santo arba šerio

1 puodelis cukraus

1 puodelis razinų

1 puodelis migdolų

1/4 puodelio susmulkintų cukruotų apelsinų žievelių

¼ puodelio susmulkintos cukruotos citrinos

1 arbatinis šaukštelis anyžių sėklų

1. Įkaitinkite orkaitę iki 350° F. Sutepkite 2 dideles kepimo formas.

2. Vidutiniame dubenyje išsijokite miltus, kukurūzų krakmolą ir kepimo miltelius.

3. Dideliame dubenyje elektriniu plaktuvu išplakame kiaušinius, trynius ir Marsalą. Įpilkite cukraus ir plakite, kol gerai susimaišys, maždaug 3 minutes. Sumaišykite sausus ingredientus, razinas, migdolus, žievelę, citriną ir anyžius, kol susimaišys. Tešla bus kieta. Jei reikia, išverskite tešlą ant stalo ir minkykite iki vientisos masės.

4. Padalinkite tešlą į ketvirčius. Sudrėkinkite rankas vėsiu vandeniu ir kiekvieną ketvirtį suformuokite į 10 colių rąstą. Padėkite rąstus 2 colių atstumu vienas nuo kito ant paruoštų kepimo skardų.

5. Kepkite rąstus 20 minučių arba tol, kol paspaudę centre jie taps tvirti, o kraštai taps auksinės spalvos. Išimkite rąstus iš orkaitės, bet palikite orkaitę įjungtą. Palikite rąstus 5 minutes atvėsti ant kepimo skardos.

6. Stumkite rąstus ant pjaustymo lentos. Dideliu šefo peiliu supjaustykite juos 1/2 colio storio griežinėliais. Sudėkite riekeles ant kepimo skardos ir kepkite 10 minučių arba kol lengvai apskrus.

7. Paruoškite 2 dideles aušinimo lentynas. Perkelkite slapukus į lentynas. Leiskite visiškai atvėsti. Laikyti hermetiškame inde iki 2 savaičių.

Citrinų riešutų biskvitas

Biscotti al Limone

Sudaro 48

Šiuos biscotti pagardina citrina ir migdolai.

1 1/2 stiklinės universalių miltų

1 arbatinis šaukštelis kepimo miltelių

1/4 arbatinio šaukštelio druskos

1/2 stiklinės (1 pagaliukas) nesūdyto sviesto, kambario temperatūros

1/2 stiklinės cukraus

2 dideli kiaušiniai, kambario temperatūros

2 arbatinius šaukštelius šviežiai nutarkuotos citrinos žievelės

1 puodelis skrudintų migdolų, stambiai pjaustytų

1. Orkaitės centre padėkite lentyną. Įkaitinkite orkaitę iki 350° F. Riebalais ir miltais ištepkite didelę kepimo skardą.

2. Į dubenį persijokite miltus, kepimo miltelius ir druską.

3. Dideliame dubenyje elektriniu plaktuvu išplakite sviestą ir cukrų iki šviesios ir purios masės, apie 2 minutes. Po vieną įmuškite kiaušinius. Suberkite citrinos žievelę, dubenėlio vidų nubraukite gumine mentele. Palaipsniui įmaišykite miltų mišinį ir riešutus, kol susimaišys.

4. Padalinkite tešlą per pusę. Sudrėkintomis rankomis ant paruoštos kepimo skardos suformuokite kiekvieną gabalėlį į 12 × 2 colių rąstą. Kepkite 20 minučių arba tol, kol rąstai švelniai paruduos ir sutvirtės paspaudus centre. Išimkite keptuvę iš orkaitės, bet neišjunkite ugnies. Palikite rąstus 10 minučių atvėsti ant kepimo skardos.

5. Stumkite rąstus ant pjaustymo lentos. Supjaustykite rąstus 1/2 colio storio griežinėliais. Sudėkite griežinėlius ant kepimo skardos. Kepkite 10 minučių arba kol sausainiai lengvai apskrus.

6. Paruoškite 2 dideles aušinimo lentynas. Perkelkite slapukus į lentynas. Leiskite visiškai atvėsti. Laikyti hermetiškame inde iki 2 savaičių.

Riešutas Biscotti

Biscotti di Noce

Sudaro apie 80

Alyvuogių aliejus gali būti naudojamas kepimui pagal įvairius receptus. Naudokite ypač tyrą švelnaus aromato alyvuogių aliejų. Jis papildo daugelio rūšių riešutus ir citrusinius vaisius. Štai sausainių receptas, kurį sukūriau Washington Post straipsniui apie kepimą su alyvuogių aliejumi.

2 puodeliai universalių miltų

1 arbatinis šaukštelis kepimo miltelių

1 arbatinis šaukštelis druskos

2 dideli kiaušiniai, kambario temperatūros

2/3 stiklinės cukraus

1/2 puodelio ypač tyro alyvuogių aliejaus

1/2 arbatinio šaukštelio nutarkuotos citrinos žievelės

2 puodeliai skrudintų graikinių riešutų (žrKaip skrudinti ir valyti riešutus)

1. Įkaitinkite orkaitę iki 325° F. Sutepkite 2 dideles kepimo formas.

2. Dideliame dubenyje sumaišykite miltus, kepimo miltelius ir druską.

3. Kitame dideliame dubenyje suplakite kiaušinius, cukrų, aliejų ir citrinos žievelę, kol gerai susimaišys. Sumaišykite sausus ingredientus mediniu šaukštu, kol susimaišys. Įmaišykite graikinius riešutus.

4. Padalinkite tešlą į keturias dalis. Suformuokite gabalėlius į 12 × 11/2 colių rąstus, tarp jų kelių colių atstumu ant paruoštų kepimo skardų. Kepkite nuo 20 iki 25 minučių arba kol švelniai apskrus. Išimkite iš orkaitės, bet neišjunkite. Leiskite sausainiams atvėsti ant kepimo skardos 10 minučių.

5. Stumkite rąstus ant pjaustymo lentos. Dideliu sunkiu peiliu supjaustykite rąstus įstrižai 1/2 colio griežinėliais. Riekeles paskleiskite ant kepimo skardų ir grąžinkite į orkaitę. Kepkite 10 minučių arba kol apskrus ir auksinės spalvos.

6. Paruoškite 2 dideles aušinimo lentynas. Perkelkite slapukus į lentynas. Leiskite visiškai atvėsti. Laikyti hermetiškame inde iki 2 savaičių.

Migdolų makaronai

Amaretti

Padaro 3 dešimtis

Pietų Italijoje jie ruošiami malant tiek saldžiuosius, tiek karčiuosius migdolus. Kartieji migdolai, gaunami iš tam tikros migdolų veislės, JAV neparduodami. Jie turi skonio komponentą, panašų į cianidą, mirtiną nuodą, todėl jie nėra patvirtinti komerciniam naudojimui. Arčiausiai tinkamo skonio galime pasiekti komercinę migdolų pasta ir šiek tiek migdolų ekstrakto. Nepainiokite migdolų pastos su marcipanu, kuris yra panašus, bet turi didesnį cukraus kiekį. Norėdami gauti geriausią skonį, pirkite migdolų pastą, parduodamą skardinėse. Jei nerandate, kreipkitės į vietinę kepyklą ir sužinokite, ar ji jums parduos.

Šie sausainiai prilimpa, todėl kepu ant nelipnių kilimėlių, žinomų kaip Silpat. Kilimėlių niekada nereikia tepti alyva, juos lengva valyti ir daugkartinio naudojimo. Jų galima rasti gerose virtuvės reikmenų parduotuvėse. Jei neturite kilimėlių, kepimo skardas galima iškloti kepimo popieriumi arba aliuminio folija.

1 (8 uncijos) skardinė migdolų pastos, sutrupinta

1 puodelis cukraus

2 dideli kiaušinių baltymai, kambario temperatūros

¼ arbatinio šaukštelio migdolų ekstrakto

36 cukatos vyšnios arba sveiki migdolai

1. Įkaitinkite orkaitę iki 350 ° F. Išklokite 2 dideles kepimo skardas pergamentiniu popieriumi arba aliuminio folija.

2. Sutrinkite migdolų pastą dideliame dubenyje. Cukrų išplakite elektriniu plaktuvu mažu greičiu iki purumo. Įpilkite kiaušinių baltymų ir migdolų ekstrakto. Padidinkite greitį iki vidutinio ir plakite iki labai vientisos masės, maždaug 3 minutes.

3. Paimkite 1 šaukštą tešlos ir švelniai susukite į rutulį. Jei reikia, sudrėkinkite pirštų galiukus vėsiu vandeniu, kad nepriliptų. Ant paruoštos kepimo skardos sudėkite rutuliukus maždaug colio atstumu vienas nuo kito. Ant tešlos viršaus įspauskite vyšnią arba migdolą.

4. Kepkite 18–20 minučių arba kol sausainiai lengvai paruduos. Leiskite trumpam atvėsti ant kepimo skardos.

5. Plona metaline mentele perkelkite sausainius ant grotelių, kad visiškai atvėstų. Sausainius laikykite sandariuose induose. (Jei

norite šiuos sausainius laikyti ilgiau nei dieną ar dvi, užšaldykite, kad išlaikytumėte minkštą tekstūrą. Juos galima valgyti tiesiai iš šaldiklio.)

Pušies riešutų makaronai

Biscotti di Pinoli

Sudaro 40

Per daugelį metų sukūriau daugybę šių sausainių variantų. Ši versija yra mano mėgstamiausia, nes ji pagaminta iš migdolų pastos ir maltų migdolų, kad pagerintų skonį ir tekstūrą, o skrudintų pušies riešutų (pignoli) gausa.

1 (8 uncijos) skardinė migdolų pastos

⅓ puodelio smulkiai maltų blanširuotų migdolų

2 dideli kiaušinių baltymai

1 puodelis konditerinio cukraus ir dar daugiau dekoravimui

2 puodeliai pušies riešutų arba kapotų migdolų

1. Orkaitės centre padėkite lentyną. Įkaitinkite orkaitę iki 350° F. Ištepkite didelę kepimo skardą.

2. Migdolų pastą sutrupinkite į didelį dubenį. Elektriniu plaktuvu vidutiniu greičiu išplakite migdolus, kiaušinių baltymus ir 1 puodelį konditerinio cukraus iki vientisos masės.

3. Paimkite šaukštą tešlos. Tešlą apvoliokite pušies riešutuose, visiškai uždenkite ir suformuokite rutulį. Padėkite rutulį ant paruoštos kepimo skardos. Pakartokite su likusiais ingredientais, tarp rutuliukų maždaug 1 colio atstumu.

4. Kepkite 18–20 minučių arba kol švelniai paruduos. Kepimo skardą padėkite ant aušinimo grotelių. Leiskite sausainiams 2 minutes atvėsti ant kepimo skardos.

5. Perkelkite sausainius ant grotelių, kad visiškai atvėstų. Pabarstykite konditerių cukrumi. Laikyti sandariame inde šaldytuve iki 1 savaitės.

Lazdyno riešutų batonėliai

Nupjauti

Padaro 6 dešimtis

Šiuose minkštuose, trupiniuose batonėliuose gausu riešutų. Jie vos laikosi kartu ir tirpsta burnoje. Patiekite juos su šokoladiniais ledais.

2 1/3 stiklinės universalių miltų

1 1/2 stiklinės nuluptų, skrudintų lazdyno riešutų, smulkiai pjaustytų (žr. Kaip skrudinti ir valyti riešutus)

1 1/2 stiklinės cukraus

1/2 arbatinio šaukštelio druskos

1 puodelis (2 pagaliukai) nesūdyto sviesto, ištirpinto ir atvėsinto

1 didelis kiaušinis plius 1 kiaušinio trynys, išplakti

1. Orkaitės centre padėkite lentyną. Įkaitinkite orkaitę iki 350 ° F. Sutepkite 15 x 10 x 1 colio želė suktinuką.

2. Dideliame dubenyje mediniu šaukštu sumaišykite miltus, riešutus, cukrų ir druską. Įdėkite sviestą ir maišykite, kol tolygiai

sudrėkins. Įdėkite kiaušinius. Maišykite, kol gerai susimaišys ir mišinys susilies.

3. Supilkite mišinį į paruoštą keptuvę. Tvirtai išlyginkite jį lygiu sluoksniu.

4. Kepkite 30 minučių arba iki auksinės rudos spalvos. Kol dar karšta, supjaustykite 2 × 1 colio stačiakampiais.

5. Leiskite atvėsti keptuvėje 10 minučių. Perkelkite sausainius ant didelės grotelės, kad visiškai atvėstų.

Graikinių riešutų sviesto sausainiai

Biscotti di Noce

Padaro 5 dešimtis

Šie riešutiniai ir sviestiniai sausainiai iš Pjemonto puikiai tiks Kalėdoms. Nors jie dažnai gaminami su lazdyno riešutais, aš mėgstu naudoti graikinius riešutus. Taip pat galima pakeisti migdolais.

Šie sausainiai gali būti visiškai pagaminti virtuvės kombainu. Jei neturite, susmulkinkite riešutus ir cukrų trintuvu arba riešutų smulkintuvu, tada rankomis įmaišykite likusius ingredientus.

1 puodelis kapotų graikinių riešutų

⅓ stiklinės cukraus ir dar 1 puodelis sausainiams kočioti

2 puodeliai universalių miltų

1 puodelis (2 lazdelės) nesūdyto sviesto, kambario temperatūros

1. Įkaitinkite orkaitę iki 350° F. Riebalais ir miltais ištepkite 2 dideles kepimo formas.

2. Virtuviniame kombaine sumaišykite graikinius riešutus ir cukrų. Apdorokite, kol riešutai bus smulkiai sukapoti. Suberkite miltus ir maišykite, kol susimaišys.

3. Palaipsniui įpilkite sviesto ir ankštinių, kad susimaišytų. Išimkite tešlą iš dubens ir rankomis suspauskite.

4. Likusį 1 puodelį cukraus supilkite į negilų dubenį. Įspauskite graikinio riešuto dydžio tešlos gabalėlį ir suformuokite rutulį. Suformuokite rutulį į pusmėnulio formą, nusmailindami galus. Pusmėnulius švelniai apvoliokite cukruje. Ant paruoštos kepimo skardos sudėkite pusmėnulius. Pakartokite su likusia tešla ir cukrumi, palikdami kiekvieną sausainį maždaug 1 colio atstumu.

5. Kepkite 15 minučių arba iki šviesiai rudos spalvos. Kepimo skardas padėkite ant grotelių, kad atvėstų 5 minutes.

6. Perkelkite sausainius ant grotelių, kad visiškai atvėstų. Laikyti hermetiškame inde iki 2 savaičių.

Vaivorykštės slapukai

Biscotti Tricolori

Padaro apie 4 dešimtis

Nors Italijoje jų dar nemačiau, šie „vaivorykštiniai" arba trispalviai sausainiai su šokoladiniu glaistu yra populiarūs Italijos ir kitose JAV kepyklėlėse. Deja, jie dažnai būna ryškiaspalviai, gali būti sausi ir beskoniai.

Išbandykite šį receptą ir pamatysite, kokie geri gali būti šie sausainiai. Juos pagaminti kiek sudėtinga, bet rezultatai labai gražūs ir skanūs. Jei nenorite naudoti maistinių dažų, sausainiai vis tiek bus patrauklūs. Patogumui geriausia naudoti tris vienodas kepimo skardas. Tačiau vis tiek galite gaminti sausainius tik vienoje keptuvėje, jei vienu metu kepate vieną tešlos partiją. Paruošti sausainiai gerai laikosi šaldytuve.

8 uncijos migdolų pasta

1 1/2 stiklinės (3 lazdelės) nesūdyto sviesto

1 puodelis cukraus

4 dideli kiaušiniai, atskirti

¼ arbatinio šaukštelio druskos

2 puodeliai nebalintų universalių miltų

10 lašų raudonų maistinių dažų arba pagal skonį (nebūtina)

10 lašų žalių maistinių dažų arba pagal skonį (nebūtina)

½ stiklinės abrikosų konservų

½ puodelio aviečių uogienės be sėklų

1 (6 uncijos) pakuotė pusiau saldaus šokolado drožlių

1. Įkaitinkite orkaitę iki 350° F. Tris 13 x 9 x 2 colių vienodas kepimo formas sutepkite riebalais. Išklokite skardas vaško popieriumi ir sutepkite popierių.

2. Migdolų pastą sumalkite dideliame maišytuvo dubenyje. Sudėkite sviestą, 1/2 stiklinės cukraus, kiaušinių trynius ir druską. Plakite iki šviesios ir purios masės. Įmaišykite miltus, kol jie susimaišys.

3. Kitame dideliame dubenyje švariu šluotele išplakite kiaušinių baltymus vidutiniu greičiu iki putų. Palaipsniui supilkite likusį cukrų. Padidinkite greitį iki didelio. Tęskite plakimą, kol pakeldami plaktuvus kiaušinių baltymai suformuos minkštas smailes.

4. Gumine mentele supilkite 1/3 baltymų į trynių mišinį, kad jis pašviesėtų. Palaipsniui įmaišykite likusius baltymus.

5. 1/3 tešlos supilkite į vieną dubenį, kitą 1/3 į kitą dubenį. Jei naudojate maistinius dažus, raudoną dėkite į vieną dubenį, o žalią į kitą.

6. Kiekvieną dubenį tešlos paskleiskite į atskirą paruoštą skardą, tolygiai išlyginkite mentele. Kepkite sluoksnius 10–12 minučių, kol pyragas sustings ir aplink kraštus taps labai šviesios spalvos. Leiskite atvėsti keptuvėje 5 minutes, tada kelkite sluoksnius ant aušinimo stovo, palikdami vaško popierių. Leiskite visiškai atvėsti.

7. Popieriumi pakelkite vieną sluoksnį, apverskite pyragą aukštyn kojomis ir padėkite popierine puse į viršų ant didelio padėklo. Atsargiai nuimkite popierių. Pertepkite plonu aviečių uogienės sluoksniu.

8. Antrąjį sluoksnį popierine puse į viršų uždėkite ant pirmojo. Nuimkite popierių ir pyragą aptepkite abrikosų uogiene.

9. Likusį sluoksnį padėkite popieriaus puse į viršų. Nuimkite popierių. Dideliu sunkiu peiliu ir liniuote apipjaustykite pyrago kraštus taip, kad sluoksniai būtų tiesūs ir lygūs.

10. Įkaitinkite apie 2 colius vandens dvigubo katilo arba nedidelio puodo dugne. Šokolado drožles sudėkite į dvigubo katilo viršų arba į nedidelį karščiui atsparų dubenį, kuris patogiai telpa ant puodo. Padėkite dubenį virš verdančio vandens. Palikite neuždengtą, kol šokoladas suminkštės. Ištrinkite iki vientisos masės. Ant pyrago sluoksnių užpilkite ištirpintą šokoladą ir tolygiai paskleiskite mentele. Šaldykite, kol šokoladas tik pradės stingti, maždaug 30 minučių. (Neleiskite, kad jis per daug sukietėtų, nes pjaunant jis įtrūks.)

11. Išimkite pyragą iš šaldytuvo. Naudodami liniuotę ar kitą tiesią briauną, perpjaukite pyragą išilgai į 6 juosteles, pirmiausia supjaustykite į trečdalius, o po to kiekvieną trečdalį perpjaukite per pusę. Supjaustykite skersai į 5 juosteles. Supjaustytą pyragą atvėsinkite keptuvėje šaldytuve, kol šokoladas sutvirtės. Patiekite arba perkelkite sausainius į sandarų indą ir laikykite šaldytuve. Jie gerai laikosi keletą savaičių.

Kalėdiniai figų sausainiai

Cuccidati

Padaro 18 didelių sausainių

Neįsivaizduoju Kalėdų be šių sausainių. Daugeliui siciliečių jų gamyba yra šeimos projektas. Moterys maišo ir kočioja tešlą, o vyrai smulkina ir susmulkina įdaro ingredientus. Vaikai puošia užpildytus sausainius. Jie tradiciškai supjaustomi į daugybę išgalvotų formų, primenančių paukščius, lapus ar gėles. Kai kurios šeimos uždirba dešimtis, kad galėtų padovanoti draugams ir kaimynams.

Tešla

2 1/2 stiklinės universalių miltų

1/3 stiklinės cukraus

2 arbatinius šaukštelius kepimo miltelių

1/2 arbatinio šaukštelio druskos

6 šaukštai nesūdyto sviesto

2 dideli kiaušiniai, kambario temperatūros

1 arbatinis šaukštelis gryno vanilės ekstrakto

Užpildymas

2 puodeliai drėgnų džiovintų figų, nuimti stiebai

½ stiklinės razinų

1 puodelis graikinių riešutų, paskrudintų ir susmulkintų

½ puodelio susmulkinto pusiau saldaus šokolado (apie 2 uncijos)

⅓ stiklinės medaus

¼ stiklinės apelsinų sulčių

1 arbatinis šaukštelis apelsino žievelės

1 arbatinis šaukštelis malto cinamono

⅛ arbatinio šaukštelio maltų gvazdikėlių

Montažas

1 kiaušinio trynį išplakite su 1 arbatiniu šaukšteliu vandens

Spalvingi saldainių pabarstukai

1. Paruoškite tešlą: dideliame dubenyje sumaišykite miltus, cukrų, kepimo miltelius ir druską. Elektriniu plaktuvu arba

konditeriniu trintuvu supjaustykite sviestą, kol masė taps panaši į rupius trupinius.

2. Dubenyje išplakite kiaušinius ir vanilę. Į sausus ingredientus įmuškite kiaušinius, maišykite mediniu šaukštu, kol tešla tolygiai sudrėkins. Jei tešla per sausa, po kelis lašus įmaišykite šiek tiek šalto vandens.

3. Surinkite tešlą į rutulį ir padėkite ant plastikinės plėvelės lakšto. Suplokite jį į diską ir gerai suvyniokite. Šaldykite bent 1 valandą arba per naktį.

4. Paruoškite įdarą: virtuviniu kombainu arba mėsmale susmulkinkite figas, razinas ir riešutus, kol stambiai susmulkinsite. Sumaišykite likusius ingredientus. Uždenkite ir šaldykite, jei nepanaudosite per valandą.

5. Norėdami surinkti pyragą, įkaitinkite orkaitę iki 375 °F. Dvi dideles kepimo formas ištepkite riebalais.

6. Tešla supjaustoma į 6 dalis. Ant lengvai miltais pabarstyto paviršiaus kiekvieną gabalėlį susukite į maždaug 4 colių ilgio rąstą.

7. Miltais pabarstytu kočėlu susukite vieną rąstą į 9 × 5 colių stačiakampį. Apkarpykite kraštus.

8. 3/4 colių įdaro juostelę išilgai dėkite į vieną iškočiotos tešlos centro pusę. Vieną ilgą tešlos kraštą užlenkite ant kito ir suglauskite kraštus, kad užsandarintumėte. Užpildytą tešlą perpjaukite skersai į 3 lygias dalis.

9. Aštriu peiliu įdaroje ir tešloje išpjaukite 3/4 colio plyšius 1/2 colio atstumu vienas nuo kito. Šiek tiek sulenkdami juos, kad atsidarytų plyšiai ir atsirastų figų įdaras, ant kepimo skardos padėkite pyragaičius vieno colio atstumu vienas nuo kito.

10. Tešlą aptepkite kiaušinių plakiniu. Jei norite, pabarstykite saldainių pabarstukais. Pakartokite su likusiais ingredientais.

11. Kepkite sausainius nuo 20 iki 25 minučių arba iki auksinės rudos spalvos.

12. Atvėsinkite sausainius ant grotelių. Laikyti sandariame inde šaldytuve iki 1 mėnesio.

Trapios tonzilės

Croccante arba Torrone

Padaro nuo 10 iki 12 porcijų

Siciliečiai šiuos saldumynus gamina su pušies riešutais, pistacijomis ar sezamo sėklomis, o ne migdolais. Citrina puikiai išlygina karštą sirupą.

Daržovių aliejus

2 puodeliai cukraus

¼ stiklinės medaus

2 puodeliai migdolų (10 uncijų)

1 visa citrina, nuplaunama ir išdžiovinta

1. Marmurinį paviršių arba metalinę kepimo formą ištepkite neutralaus skonio augaliniu aliejumi.
2. Vidutiniame puode sumaišykite cukrų ir medų. Virkite ant vidutinės-mažos ugnies, retkarčiais pamaišydami, kol cukrus pradės tirpti, maždaug 20 minučių. Užvirinkite ir nemaišydami virkite dar 5 minutes arba tol, kol sirupas taps skaidrus.

3. Suberkite riešutus ir virkite, kol sirupas taps gintaro spalvos, apie 3 minutes. Atsargiai užpilkite karštą sirupą ant paruošto paviršiaus, naudodami citriną išlyginkite riešutus į vieną sluoksnį. Leiskite visiškai atvėsti. Kai trapus atvės ir kietas, po maždaug 30 minučių po juo pastumkite ploną metalinę mentelę. Pakelkite trapią ir sulaužykite į 11/2 colio gabalus. Laikyti sandariuose induose kambario temperatūroje.

Sicilijos riešutų suktinukai

Mostaccioli

Padaro 64 sausainius

Vienu metu šie sausainiai buvo gaminami su mosto cotto – koncentruotomis vyninių vynuogių sultimis. Šiuolaikiniai virėjai naudoja medų.

Tešla

3 puodeliai universalių miltų

½ stiklinės cukraus

1 arbatinis šaukštelis druskos

½ puodelio patrumpinimo

4 šaukštai (1/2 lazdelės) nesūdyto sviesto, kambario temperatūros

2 dideli kiaušiniai

2-3 šaukštai šalto pieno

Užpildymas

1 puodelis skrudintų migdolų

1 puodelis skrudintų graikinių riešutų

½ stiklinės skrudintų ir nuluptų lazdyno riešutų

¼ stiklinės cukraus

¼ stiklinės medaus

2 arbatiniai šaukšteliai apelsino žievelės

¼ arbatinio šaukštelio malto cinamono

Konditerinis cukrus

1. Dideliame dubenyje sumaišykite miltus, cukrų ir druską. Supjaustykite patrumpinimą ir sviestą, kol mišinys taps panašus į stambius trupinius.

2. Nedideliame dubenyje išplakite kiaušinius su dviem šaukštais pieno. Supilkite mišinį į sausus ingredientus, maišykite, kol tešla tolygiai sudrėkins. Jei reikia, įmaišykite dar šiek tiek pieno.

3. Surinkite tešlą į rutulį ir padėkite ant plastikinės plėvelės lakšto. Suplokite jį į diską ir gerai suvyniokite. Šaldykite nuo 1 valandos iki per naktį.

4. Riešutus ir cukrų apdorokite virtuviniu kombainu. Apdorokite iki vientisos masės. Įpilkite medaus, žievelės ir cinamono ir

maišykite, kol susimaišys. Įkaitinkite orkaitę iki 350° F. Sutepkite 2 dideles kepimo formas.

5. Padalinkite tešlą į 4 dalis. Susukite vieną gabalą tarp dviejų plastikinės plėvelės lakštų, kad kvadratas būtų šiek tiek didesnis nei 8 coliai. Nupjaukite kraštus ir supjaustykite tešlą į 2 colių kvadratus. Ant kiekvieno kvadrato pusės dėkite po arbatinį šaukštelį įdaro. Tešla iškočiojama, kad visiškai padengtų įdarą. Ant kepimo skardos padėkite siūlę žemyn. Pakartokite su likusia tešla ir įdaru, palikdami sausainius 1 colio atstumu.

6. Kepkite 18 minučių arba kol sausainiai lengvai paruduos. Perkelkite sausainius ant grotelių, kad atvėstų. Sandariai uždarytoje talpykloje laikyti iki 2 savaičių. Prieš patiekdami pabarstykite konditerių cukrumi.

Biskvitinis tortas

Pan di Spagna

Padaro du 8 arba 9 colių sluoksnius

Šis klasikinis ir universalus itališkas biskvitas puikiai dera su įdarais, tokiais kaip vaisių konservai, plakta grietinėlė, konditerijos kremas, ledai ar rikotos kremas. Tortas taip pat gerai užšąla, tad patogus greitiems desertams.

Sviestas keptuvėms

6 dideli kiaušiniai, kambario temperatūros

2/3 stiklinės cukraus

11/2 arbatinių šaukštelių gryno vanilės ekstrakto

1 puodelis išsijotų universalių miltų

1. Padėkite lentyną orkaitės centre. Įkaitinkite orkaitę iki 375° F. Dvi 8 arba 9 colių torto formas ištepkite sviestu. Keptuvių dugną išklokite vaško popieriaus arba pergamentinio popieriaus apskritimais. Sviestinis popierius. Keptuves apibarstykite miltais ir ištrinkite perteklių.

2. Dideliame dubenyje su elektriniu plaktuvu pradėkite plakti kiaušinius mažu greičiu. Lėtai supilkite cukrų, palaipsniui didindami maišytuvo greitį iki didelio. Įpilkite vanilės. Plakite kiaušinius iki tirštos ir šviesiai geltonos spalvos, maždaug 7 minutes.

3. Miltus suberkite į tankų sietelį. Į kiaušinių masę supilkite maždaug trečdalį miltų. Palaipsniui ir labai švelniai gumine mentele įmaišykite miltus. Pakartokite 2 kartus suberdami miltus ir sulenkite, kol neliks dryžių.

4. Paruoštose formelėse tolygiai paskirstykite tešlą. Kepkite 20–25 minutes arba tol, kol pyragaičiai atšoks, kai juos lengvai paspaudžiate centre, o viršus švelniai paruduos. Paruoškite 2 aušinimo lentynas. 10 minučių atvėsinkite pyragus keptuvėse ant grotelių.

5. Apverskite pyragus ant grotelių ir išimkite keptuves. Atsargiai nuimkite popierių. Leiskite visiškai atvėsti. Patiekite iš karto arba uždenkite apverstu dubeniu ir laikykite kambario temperatūroje iki 2 dienų.

Citrusinis biskvitas

Torta di Agrumi

Patiekiama nuo 10 iki 12

Alyvuogių aliejus suteikia šiam pyragui ypatingą skonį ir tekstūrą. Naudokite švelnų alyvuogių aliejų, kitaip skonis gali būti nepaprastas. Kadangi jame nėra sviesto, pieno ar kitų pieno produktų, šis pyragas tinka žmonėms, kurie negali valgyti šių produktų.

Tai didelis pyragas, nors ir labai lengvas ir erdvus. Norėdami tai iškepti, jums reikės 10 colių vamzdžio formos su nuimamu dugnu – tokios, kokia naudojama angelų pyragams.

Nedidelis totoro kremas, kurį galima įsigyti daugumos prekybos centrų prieskonių skyriuje, padeda stabilizuoti kiaušinių baltymus šiame dideliame pyrage.

2 1/4 stiklinės paprastų pyrago miltų (nekylančių)

1 valgomasis šaukštas kepimo miltelių

1 arbatinis šaukštelis druskos

6 dideli kiaušiniai, atskirti, kambario temperatūros

1 1/4 stiklinės cukraus

1 1/2 arbatinio šaukštelio apelsino žievelės

1 1/2 arbatinio šaukštelio tarkuotos citrinos žievelės

¾ puodelio šviežiai spaustų apelsinų sulčių

½ puodelio ypač tyro alyvuogių aliejaus

1 arbatinis šaukštelis gryno vanilės ekstrakto

¼ arbatinio šaukštelio dantų akmenų grietinėlės

1. Orkaitės groteles padėkite į apatinį orkaitės trečdalį. Įkaitinkite orkaitę iki 325° F. Dideliame dubenyje išsijokite miltus, kepimo miltelius ir druską.

2. Kiaušinių trynius, 1 puodelį cukraus, apelsino ir citrinos žievelę, apelsinų sultis, aliejų ir vanilės ekstraktą išplakite dideliame dubenyje iki vientisos masės elektriniu plakikliu, maždaug 5 minutes. Gumine mentele supilkite skystį į sausus ingredientus.

3. Kitame dideliame dubenyje švariu šluotele išplakite kiaušinių baltymus vidutiniu greičiu iki putų. Palaipsniui įpilkite likusio 1/4 puodelio cukraus ir grietinėlės tartų. Padidinkite greitį iki didelio. Plakite, kol pakėlus plaktuvus susidarys minkštos smailės, apie 5 minutes. Supilkite baltymus į tešlą.

4. Supilkite tešlą į neteptą 10 colių spyruoklinę formą su nuimamu dugnu. Kepkite 55 minutes arba tol, kol pyragas taps auksinės spalvos, o į centrą įsmeigtas dantų krapštukas išeis švarus.

5. Padėkite keptuvę aukštyn kojomis ant vėsinimo grotelių ir leiskite pyragui visiškai atvėsti. Plonais peiliuku apveskite keptuvės vidų, kad pyragas atsilaisvintų. Pakelkite pyragą ir keptuvės dugną. Pakiškite peilį po pyragu ir nuimkite formos dugną. Patiekite iš karto arba uždenkite apverstu dubeniu ir laikykite kambario temperatūroje iki 2 dienų.

Citrinų alyvuogių aliejaus pyragas

Torta di Limone

Padaro 8 porcijas

Lengvas citrininis pyragas iš Apulijos, kurį visada malonu turėti po ranka.

1 1/2 stiklinės paprastų pyrago miltų (nekylančių)

1 1/2 arbatinių šaukštelių kepimo miltelių

1/2 arbatinio šaukštelio druskos

3 dideli kiaušiniai, kambario temperatūros

1 puodelis cukraus

1/3 stiklinės alyvuogių aliejaus

1 arbatinis šaukštelis gryno vanilės ekstrakto

1 arbatinis šaukštelis nutarkuotos citrinos žievelės

1/4 puodelio šviežiai spaustų citrinų sulčių

1. Įdėkite lentyną į apatinį orkaitės trečdalį. Įkaitinkite orkaitę iki 350° F. Sutepkite 9 colių spyruoklinę formą.

2. Dideliame dubenyje išsijokite miltus, kepimo miltelius ir druską.

3. Į didelio elektrinio plaktuvo dubenį įmuškite kiaušinius. Plakite vidutiniu greičiu iki tirštos ir šviesiai geltonos spalvos, maždaug 5 minutes. Lėtai suberkite cukrų ir plakite dar 3 minutes. Lėtai įpilkite aliejaus. Plakite dar minutę. Įpilkite vanilės ir citrinos žievelės.

4. Gumine mentele tris kartus įmaišykite sausus ingredientus, pakaitomis su citrinos sultimis dviem priedais.

5. Tešlą supilkite į paruoštą skardą. Kepkite 35–40 minučių arba tol, kol pyragas taps auksinės rudos spalvos ir, paspaudus centre, atšoks.

6. Apverskite keptuvę aukštyn kojomis ant grotelių. Leiskite visiškai atvėsti. Apveskite peilį aplink išorinį kraštą ir nuimkite. Patiekite iš karto arba uždenkite apverstu dubeniu ir laikykite kambario temperatūroje iki 2 dienų.

Marmurinis pyragas

Torta Marmorata

Padaro nuo 8 iki 10 porcijų

Italijoje pusryčiams neskiriama daug dėmesio. Kiaušiniai ir dribsniai valgomi retai, o dauguma italų pasitenkina kava su skrebučiais arba, galbūt, paprastu sausainiu ar dviem. Viešbučių pusryčiai dažnai per daug kompensuoja svetimą skonį šaltų mėsos gaminių, sūrių, vaisių, kiaušinių, jogurto, duonos ir pyragaičių gausa. Viename Venecijos viešbutyje aptikau nuostabų marmurinį pyragą, vieną iš mano mėgstamiausių, išdidžiai iškabintą ant tortų stovo. Jis buvo dangiškas su kapučino puodeliu, ir aš būčiau juo mėgavęsis prie arbatos. Padavėjas pasakojo, kad pyragas kasdien buvo pristatomas šviežias iš vietinės kepyklos, kur tai buvo specialybė. Tai mano versija, įkvėpta Venecijos versijos.

1 1/2 stiklinės paprastų pyrago miltų (nekylančių)

1 1/2 arbatinių šaukštelių kepimo miltelių

1/2 arbatinio šaukštelio druskos

3 dideli kiaušiniai, kambario temperatūros

1 puodelis cukraus

⅓ stiklinės augalinio aliejaus

1 arbatinis šaukštelis gryno vanilės ekstrakto

¼ arbatinio šaukštelio migdolų ekstrakto

½ stiklinės pieno

2 uncijos tamsaus arba pusiau saldaus šokolado,ištirpinto ir atvėsinto

1. Orkaitės groteles padėkite į apatinį orkaitės trečdalį. Įkaitinkite orkaitę iki 325 ° F. Riebalais ir miltais ištepkite 10 colių vamzdelį ir išsukite miltų perteklių.

2. Dideliame dubenyje išsijokite miltus, kepimo miltelius ir druską.

3. Kitame dideliame dubenyje suplakite kiaušinius elektriniu plaktuvu vidutiniu greičiu iki storos ir šviesiai geltonos spalvos, maždaug 5 minutes. Lėtai po šaukštą suberkite cukrų. Tęskite plakimą dar 2 minutes.

4. Palaipsniui supilkite aliejų ir ekstraktus. Miltus sumaišykite 3 kartus, pakaitomis 2 kartus supilkite pieną.

5. Išgriebkite apie 1 1/2 puodelių tešlos ir sudėkite į nedidelį dubenį. Atidėti. Likusią tešlą supilkite į paruoštą skardą.

6. Supilkite ištirpintą šokoladą į rezervuotą tešlą. Ant keptuvėje esančios tešlos dėkite didelius šaukštus šokoladinės tešlos. Norėdami sukti tešlą, laikykite stalo peilį galu žemyn. Įkiškite peilio geležtę žemyn per tešlą, švelniai apeidami visą keptuvę bent 2 kartus.

7. Kepkite 40 minučių arba tol, kol pyragas taps auksinės spalvos, o į centrą įsmeigtas dantų krapštukas išeis švarus. Leiskite atvėsti ant grotelių 10 minučių.

8. Pasukite pyragą ant grotelių ir išimkite skardą. Apverskite pyragą dešine puse į viršų ant kitos grotelės. Leiskite visiškai atvėsti. Patiekite iš karto arba uždenkite apverstu dubeniu ir laikykite kambario temperatūroje iki 2 dienų.

Romo pyragas

Baba au Rhum

Padaro nuo 8 iki 10 porcijų

Pasak populiarios istorijos, šį pyragą išrado lenkų karalius, kuris rado savo babką – lenkišką mielinį pyragą – per sausą ir užpylė stikline romo. Jo kūrinys buvo pavadintas „Baba" Ali Babos vardu iš „Arabų naktų". Kaip jis išpopuliarėjo Neapolyje, neaišku, bet jis egzistuoja jau kurį laiką.

Kadangi baba rauginamas su mielėmis, o ne kepimo milteliais, ji turi kempinę tekstūrą, kuri puikiai tinka romo sirupui susigerti. Kai kurios versijos kepamos miniatiūrinėse bandelių formelėse, kitos – su konditerinio kremo įdaru. Mėgstu patiekti su braškėmis ir plakta grietinėle prie šono – nebūdinga, bet skanu ir miela pateikimas.

1 pakuotė (2 1/2 arbatinio šaukštelio) aktyvių sausų mielių arba tirpių mielių

1/4 puodelio šilto pieno (100–110 °F)

6 dideli kiaušiniai

2 2/3 stiklinės universalių miltų

3 šaukštai cukraus

½ arbatinio šaukštelio druskos

¾ puodelio (1½ lazdelių) nesūdyto sviesto, kambario temperatūros

Sirupas

2 puodeliai cukraus

2 stiklinės vandens

2 (2 colių) juostelės citrinos žievelės

¼ stiklinės romo

1. Sutepkite 10 colių vamzdžių skardą.

2. Supilkite mieles ant šilto pieno. Leiskite pastovėti iki kreminės konsistencijos, maždaug 1 minutę, tada maišykite, kol ištirps.

3. Dideliame dubenyje kiaušinius išplakite elektriniu plaktuvu vidutiniu greičiu iki putų, maždaug 1 minutę. Išplakite miltus, cukrų ir druską. Sudėkite mieles ir sviestą ir plakite, kol gerai susimaišys, maždaug 2 minutes

4. Tešlą supilkite į paruoštą skardą. Uždenkite plastikine plėvele ir palikite kilti šiltoje vietoje 1 valandą arba kol tešla padidės dvigubai.

5. Orkaitės centre padėkite lentyną. Įkaitinkite orkaitę iki 400°F. Kepkite pyragą 30 minučių arba tol, kol jis taps auksinis, o į centrą įsmeigtas dantų krapštukas išeis švarus.

6. Išverskite pyragą ant aušinimo grotelių. Išimkite keptuvę ir palikite atvėsti 10 minučių.

7. Norėdami pagaminti sirupą, vidutiniame puode sumaišykite cukrų, vandenį ir citrinos žievelę. Mišinį užvirinkite ir maišykite, kol cukrus ištirps, maždaug 2 minutes. Nuimkite citrinos žievelę. Įmaišykite romą. Atidėkite 1/4 puodelio sirupo.

8. Grąžinkite pyragą į formą. Šakute pradurkite skylutes visame paviršiuje. Lėtai šaukštu užpilkite sirupo ant pyrago, kol abu dar karšti. Leiskite visiškai atvėsti keptuvėje.

9. Prieš patiekdami pyragą apverskite ant serviravimo lėkštės ir apšlakstykite likusiu sirupu. Patiekite iš karto. Laikyti uždengtą apverstame dubenyje kambario temperatūroje iki 2 dienų.

Močiutės tortas

Torta della Nonna

Padaro 8 porcijas

Negalėjau apsispręsti, ar įtraukti šį receptą, vadinamą torta della nonna, su tortais ar su pyragais; tačiau kadangi toskanai jį vadina torta, tai įtraukiu po pyragais. Jį sudaro du tešlos sluoksniai, užpildyti storu tešlos kremu. Nežinau, kuri močiutė jį išrado, bet visi mėgsta jos pyragą. Yra daug variantų, kai kuriuose yra citrinos skonio.

1 stiklinė pieno

3 dideli kiaušinių tryniai

1/3 stiklinės cukraus

1 1/2 arbatinių šaukštelių gryno vanilės ekstrakto

2 šaukštai universalių miltų

2 šaukštai apelsinų likerio arba romo

Tešla

1 2/3 stiklinės universalių miltų

½ stiklinės cukraus

1 arbatinis šaukštelis kepimo miltelių

½ arbatinio šaukštelio druskos

½ stiklinės (1 pagaliukas) nesūdyto sviesto, kambario temperatūros

1 didelis kiaušinis, lengvai paplaktas

1 arbatinis šaukštelis gryno vanilės ekstrakto

Kiaušinių plovimui 1 kiaušinio trynį išplakite su 1 arbatiniu šaukšteliu vandens

2 šaukštai pušies riešutų

Konditerinis cukrus

1. Vidutiniame puode kaitinkite pieną ant silpnos ugnies, kol aplink kraštus susidarys burbuliukai. Nuimkite nuo ugnies.

2. Vidutiniame dubenyje maždaug 5 minutes išplakite kiaušinių trynius, cukrų ir vanilę iki šviesiai geltonos spalvos. Įmaišykite miltus. Palaipsniui įpilkite karšto pieno, nuolat plakdami. Supilkite mišinį į puodą ir virkite ant vidutinės ugnies, nuolat maišydami, kol užvirs. Sumažinkite ugnį ir troškinkite 1 minutę. Įmerkite mišinį į dubenį. Įmaišykite likerį. Uždėkite plastikinės

plėvelės gabalėlį tiesiai ant kremo, kad nesusidarytų odelė. Šaldykite nuo 1 valandos iki per naktį.

3. Padėkite lentyną orkaitės centre. Įkaitinkite orkaitę iki 350 ° F. Sutepkite 9 × 2 colių apvalią pyrago formą.

4. Paruoškite tešlą: dideliame dubenyje sumaišykite miltus, cukrų, kepimo miltelius ir druską. Sviestą supjaustykite konditeriniu trintuvu, kol mišinys taps panašus į stambius trupinius. Įmuškite kiaušinį ir vanilę ir maišykite, kol susidarys tešla. Padalinkite tešlą per pusę.

5. Pusę tešlos tolygiai paskirstykite ant paruoštos keptuvės dugno. Įspauskite tešlą į keptuvės dugną ir 1/2 colio į viršų šonus. Atvėsintą kremą paskleiskite ant tešlos centro, aplink kraštą palikdami 1 colio kraštelį.

6. Ant lengvai miltais pabarstyto paviršiaus likusią tešlą iškočiokite iki 9 1/2 colio apskritimo. Tešlą dėkite ant įdaro viršaus. Suimkite tešlos kraštus, kad sandariai užsifiksuotų. Torto viršų aptepkite kiaušinių plakiniu. Pabarstykite pušies riešutais. Mažu peiliu viršuje padarykite keletą įpjovų, kad garai galėtų išeiti.

7. Kepkite 35–40 minučių arba tol, kol viršus taps auksinės spalvos. Leiskite atvėsti keptuvėje ant grotelių 10 minučių.

8. Apverskite pyragą ant grotelių, tada apverskite ant kitos grotelės, kad visiškai atvėstų. Prieš patiekdami pabarstykite konditerių cukrumi. Patiekite iš karto arba suvyniokite pyragą į plastikinę plėvelę ir šaldykite iki 8 valandų. Suvyniokite ir laikykite šaldytuve.

Abrikosų migdolų pyragas

Torta di Albicocche ir Mandorle

Padaro 8 porcijas

Abrikosai ir migdolai yra labai suderinami skoniai. Jei nerandate šviežių abrikosų, pakeiskite persikais arba nektarinais.

Papildymas

2/3 stiklinės cukraus

1/4 stiklinės vandens

12–14 abrikosų arba 6–8 persikai, per pusę, be kauliukų ir 1/4 colio storio griežinėliais

Tortas

1 puodelis universalių miltų

1 arbatinis šaukštelis kepimo miltelių

1/2 arbatinio šaukštelio druskos

1/2 puodelio migdolų pastos

2 šaukštai nesūdyto sviesto

²⁄3 stiklinės cukraus

½ arbatinio šaukštelio gryno vanilės ekstrakto

2 dideli kiaušiniai

²⁄3 stiklinės pieno

1. Paruoškite užpilą: supilkite cukrų ir vandenį į nedidelį, sunkų puodą. Virkite ant vidutinės ugnies, retkarčiais pamaišydami, kol cukrus visiškai ištirps, maždaug 3 minutes. Kai mišinys pradės virti, nustokite maišyti ir virkite, kol sirupas pradės ruduoti aplink kraštus. Tada švelniai pasukite keptuvę ant ugnies, kol sirupas taps tolygiai auksinės spalvos, dar maždaug 2 minutes.

2. Apsaugodami ranką puodo laikikliu, nedelsdami supilkite karamelę į 9 × 2 colių apvalią pyrago formą. Pakreipkite keptuvę, kad dugnas tolygiai pasidengtų. Leiskite karamelei atvėsti, kol sutvirtės, apie 5 minutes.

3. Orkaitės lentyną padėkite orkaitės centre. Įkaitinkite orkaitę iki 350° F. Supjaustytus vaisius išdėliokite apskritimais ant karamelės, šiek tiek perdengdami juos.

4. Miltus, kepimo miltelius ir druską sumaišykite ploname sietelyje, išklotame ant vaško popieriaus. Išsijokite sausus ingredientus ant popieriaus.

5. Didelio elektrinio plaktuvo dubenyje iki purumo išplakite migdolų pastą, sviestą, cukrų ir vanilę, maždaug 4 minutes. Po vieną įmuškite kiaušinius, nugremždami dubens kraštą. Plakite iki vientisos masės ir gerai susimaišys, dar apie 4 minutes.

6. Maišytuvu mažu greičiu įmaišykite 1/3 miltų mišinio. Įpilkite 1/3 pieno. Tuo pačiu būdu supilkite likusį miltų mišinį ir pieną dar du kartus, baigdami miltais. Maišykite tik iki vientisos masės.

7. Tešlą užpilkite ant vaisių. Kepkite 40–45 minutes arba tol, kol pyragas taps auksinis, o į centrą įsmeigtas dantų krapštukas bus švarus.

8. Leiskite pyragui 10 minučių atvėsti keptuvėje ant grotelių. Plona metaline mentele apjuoskite keptuvės vidų. Tortą apverskite ant serviravimo lėkštės (vaisiai bus ant viršaus) ir prieš patiekdami leiskite visiškai atvėsti. Patiekite iš karto arba uždenkite apverstu dubeniu ir laikykite kambario temperatūroje iki 24 valandų.

Vasaros vaisių pyragas

Torta dell'Estate

Padaro 8 porcijas

Šiam pyragui idealiai tinka minkšti kaulavaisiai, tokie kaip slyvos, abrikosai, persikai ir nektarinai. Pabandykite gaminti su vaisių deriniu.

12–16 džiovintų slyvų arba abrikosų arba 6 vidutiniai persikai arba nektarinai, perpjauti per pusę, be kauliukų ir supjaustyti 1/2 colio griežinėliais

1 puodelis universalių miltų

1 arbatinis šaukštelis kepimo miltelių

1/2 arbatinio šaukštelio druskos

1/2 stiklinės (1 pagaliukas) nesūdyto sviesto, kambario temperatūros

2/3 puodelio plius 2 šaukštai cukraus

1 didelis kiaušinis

1 arbatinis šaukštelis nutarkuotos citrinos žievelės

1 arbatinis šaukštelis gryno vanilės ekstrakto

Konditerinis cukrus

1. Padėkite lentyną orkaitės centre. Įkaitinkite orkaitę iki 350° F. Sutepkite 9 colių spyruoklinę formą.

2. Dideliame dubenyje sumaišykite miltus, kepimo miltelius ir druską.

3. Kitame dideliame dubenyje išplakite sviestą su 2/3 stiklinės cukraus iki šviesios ir purios masės, maždaug 3 minutes. Kiaušinį, citrinos žievelę ir vanilę išplakite iki vientisos masės. Sudėkite sausus ingredientus ir maišykite, kol susimaišys, dar apie 1 minutę.

4. Tešlą supilkite į paruoštą skardą. Išdėliokite vaisius koncentriniais apskritimais viršuje, juos šiek tiek perdengdami. Pabarstykite likusiais 2 šaukštais cukraus.

5. Kepkite 45–50 minučių arba tol, kol pyragas taps auksinės rudos spalvos, o į centrą įsmeigtas dantų krapštukas bus švarus.

6. Leiskite pyragui 10 minučių atvėsti keptuvėje ant grotelių, tada nuimkite formos šoną. Leiskite pyragui visiškai atvėsti. Prieš patiekdami pabarstykite konditerių cukrumi. Patiekite iš karto arba uždenkite apverstu dubeniu ir laikykite kambario temperatūroje iki 24 valandų.

Rudens vaisių pyragas

Torta del Autunno

Padaro 8 porcijas

Šiam paprastam pyragui puikiai tinka obuoliai, kriaušės, figos ar slyvos. Tešla sudaro viršutinį sluoksnį, kuris nevisiškai dengia vaisius, todėl jie gali žvilgtelėti pro pyrago paviršių. Man patinka patiekti šiek tiek šiltą.

1 1/2 stiklinės universalių miltų

1 arbatinis šaukštelis kepimo miltelių

1/2 arbatinio šaukštelio druskos

2 dideli kiaušiniai

1 puodelis cukraus

1 arbatinis šaukštelis gryno vanilės ekstrakto

4 šaukštai nesūdyto sviesto, ištirpinto ir atvėsinto

2 vidutiniai obuoliai arba kriaušės, nulupti, nulupti ir plonais griežinėliais

Konditerinis cukrus

1. Padėkite lentyną orkaitės centre. Įkaitinkite orkaitę iki 350 ° F. 9 colių torto formą ištepkite riebalais ir miltais. Išsukite miltų perteklių.

2. Dubenyje sumaišykite miltus, kepimo miltelius ir druską.

3. Dideliame dubenyje išplakite kiaušinius su cukrumi ir vanile iki purios masės, apie 2 minutes. Įmuškite sviestą. Įmaišykite miltų mišinį, kol tik susimaišys, dar apie 1 minutę.

4. Pusę tešlos paskleiskite į paruoštą skardą. Uždenkite vaisiais. Ant viršaus uždėkite likusią tešlą. Tešlą tolygiai paskirstykite ant vaisių. Sluoksnis bus plonas. Nesijaudinkite, jei vaisiai nėra visiškai uždengti.

5. Kepkite 30–35 minutes arba tol, kol pyragas taps aukso rudos spalvos, o į centrą įsmeigtas dantų krapštukas bus švarus.

6. Leiskite pyragui 10 minučių atvėsti keptuvėje ant grotelių. Nuimkite keptuvės šoną. Tortą visiškai atvėsinkite ant grotelių. Patiekite šiltą arba kambario temperatūros, pabarstę konditeriniu cukrumi. Laikykite uždengtą dideliame apverstame dubenyje kambario temperatūroje iki 24 valandų.

Polenta ir kriaušių pyragas

Dolce di Polenta

Padaro 8 porcijas

Geltoni kukurūzų miltai suteikia gražią tekstūrą ir šiltą auksinę spalvą šiam kaimiškam pyragui iš Veneto.

1 puodelis universalių miltų

⅓ stiklinės smulkiai sumaltų geltonų kukurūzų miltų

1 arbatinis šaukštelis kepimo miltelių

½ arbatinio šaukštelio druskos

¾ puodelio (1½ lazdelių) nesūdyto sviesto, suminkštinto

¾ puodelio plius 2 šaukštai cukraus

1 arbatinis šaukštelis gryno vanilės ekstrakto

½ arbatinio šaukštelio nutarkuotos citrinos žievelės

2 dideli kiaušiniai

⅓ stiklinės pieno

1 didelė prinokusi kriaušė, išimkite šerdį ir supjaustykite plonais griežinėliais

1. Orkaitės centre padėkite lentyną. Įkaitinkite orkaitę iki 350° F. Riebalais ir miltais ištepkite 9 colių spyruoklinę formą. Išsukite miltų perteklių.

2. Dideliame dubenyje išsijokite miltus, kukurūzų miltus, kepimo miltelius ir druską.

3. Dideliame dubenyje elektriniu plaktuvu išplakite sviestą, palaipsniui įpildami 3/4 stiklinės cukraus iki šviesios ir purios masės, apie 3 minutes. Įmuškite vanilę ir citrinos žievelę. Po vieną įmuškite kiaušinius, nubraukdami dubens šonus. Mažu greičiu sumaišykite pusę sausų ingredientų. Įpilkite pieno. Sumaišykite likusius sausus ingredientus iki vientisos masės, maždaug 1 minutę.

4. Tešlą paskleiskite į paruoštą skardą. Ant viršaus išdėliokite kriaušių skilteles, jas šiek tiek uždenkite. Kriaušes apibarstykite likusiais 2 šaukštais cukraus.

5. Kepkite 45 minutes arba tol, kol pyragas taps auksinės spalvos, o į centrą įsmeigtas dantų krapštukas išeis švarus.

6. Tortą 10 minučių atvėsinkite keptuvėje ant grotelių. Nuimkite keptuvės šoną ir visiškai atvėsinkite pyragą ant grotelių.

Patiekite iš karto arba uždenkite dideliu apverstu dubeniu ir laikykite kambario temperatūroje iki 24 valandų.

www.ingramcontent.com/pod-product-compliance
Lightning Source LLC
Chambersburg PA
CBHW071235080526
44587CB00013BA/1628